JN236738

happy homemade vol.3

ワンピースパターンから
チュニック、ブラウスも

デザイン 笹原のりこ
文化出版局編

A　すっきり見える A ラインシルエット

A-1 basic …… p.2
A-2 …… p.4
A-3 …… p.5
A-4 …… p.6

B　"たっぷりギャザー"を
　　着こなすスモックスタイル

B-1 basic …… p.8
B-2 …… p.10
B-3 …… p.11

C　ヨークで切り替えた人気のデザイン

C-1 basic …… p.12
C-2 …… p.14
C-3 …… p.15

D　レイアードを楽しむ
　　キャミソールスタイル

D-1 basic …… p.16
D-2 …… p.18
D-3 …… p.19
D-4 …… p.20

E　ベーシックなシャツドレス

E-1 basic …… p.24
E-2 …… p.26
E-3 …… p.27

F　ハイウエスト切替えの
　　フォークロアテイスト

F-1 basic …… p.28
F-2 …… p.30
F-3 …… p.31

ソーイングの基本 …… p.32
How to make …… p.37

Contents

A

大きめにあいた胸もとにタックを。
すっきり見える、Aラインシルエット。

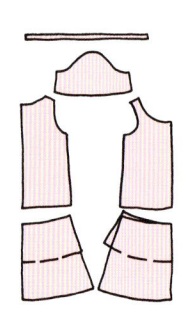

A-1 basic

二重のフレアスカートとタックのある袖口、
深い色の布を選んでお出かけに。
***** How to make p.38

A=2

スイートなフリルスリーブ。
ねじって縫い合わせた衿もとが大人のニュアンス。

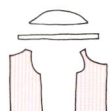

***** How to make p.39

# A = 3

個性的なフラワープリントで。
衿ぐりを見返し布でふっくらと始末。
袖口にはフレアを。
***** How to make p.40

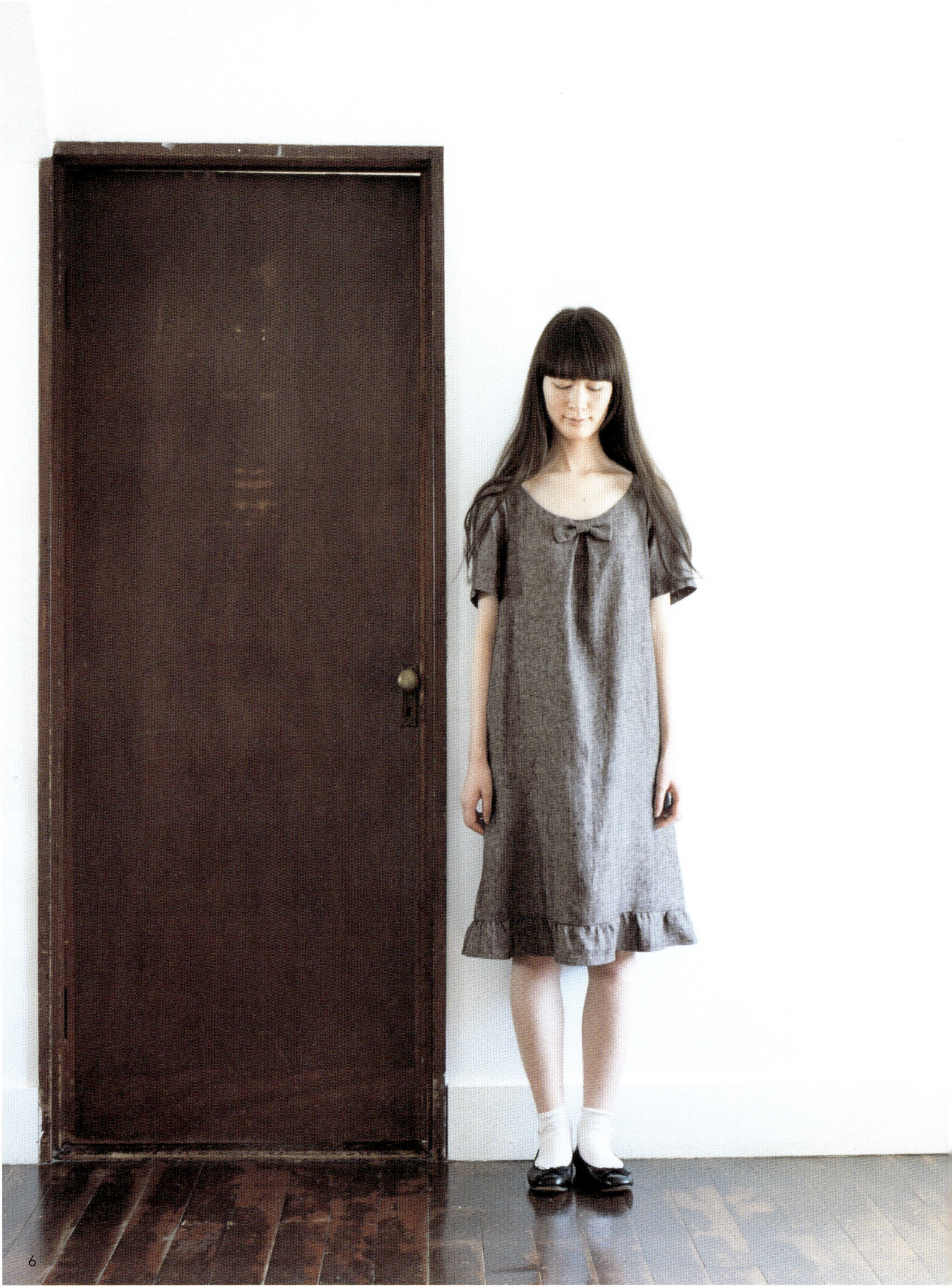

A-4

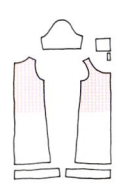

共布で作ったリボンが
蝶ネクタイのようにチャーミング。
裾のフリル幅は、お好みでも。
***** How to make p.41

B

"たっぷりギャザー"を着こなす
スモックスタイル。
思いのほか作りやすい
ラグランスリーブ。

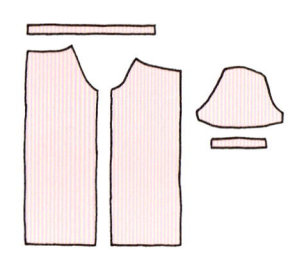

B-1 basic

後ろウエストにリボンを通し、
前で結んで体に軽く
フィットさせたデザイン。

***** How to make p.42

B-2

ボトムとのバランスがとりやすい短め丈、
長袖のブラウス。
裾のレースで涼感をプラス。
***** How to make p.43

B = 3

衿ぐりをぐるっと縁どったグログランリボンは、
後ろのあきでリボン結び。背中も美人なデザイン。

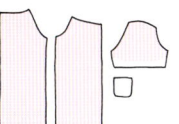

***** How to make p.44

C

ヨークで切り替えてギャザーを寄せた
着やすさが人気のデザイン。
衿ぐりはスクエア、ラウンド、
好きなラインで。

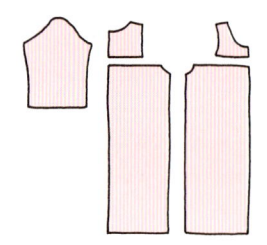

# C-1 basic

スリットを入れたヨーク、
ひじあたりから下を縫いはなした袖……、
フェミニンな要素を集めて。
***** How to make p.45

C-2

スクエアネック、小さな
ギャザースリーブのワンピース。
モノトーンのチェックで
カジュアルに。
***** How to make p.46

C-3

ヨークの下の身頃を二重にしたバルーンシルエットのブラウス。
やわらかな素材の風合いを生かして。

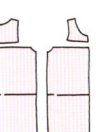

***** How to make p.47

D

一年中活躍の便利アイテム、
キャミソールスタイル。
ゆったりめのシルエットだから
季節に合わせた
レイアードスタイルを。

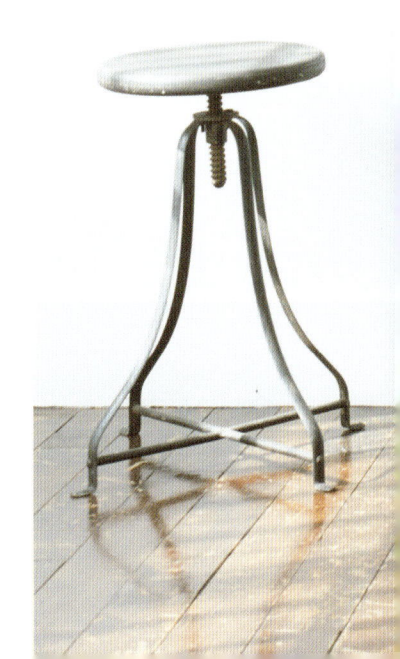

D-1 basic

キャミソールドレスは
肩ひものデザインに凝りたい。
これは幅広の共布をリボン結びに。
***** How to make p.48

D-2

腰までのチュニック丈に。
胸もとにゴムテープを通して、
軽くギャザーを寄せたデザイン。

***** How to make p.49

D-3

インテリアファブリックを使って、胸もとにレースをプラス。
前の切替え位置に浅いタックを。

***** How to make p.49

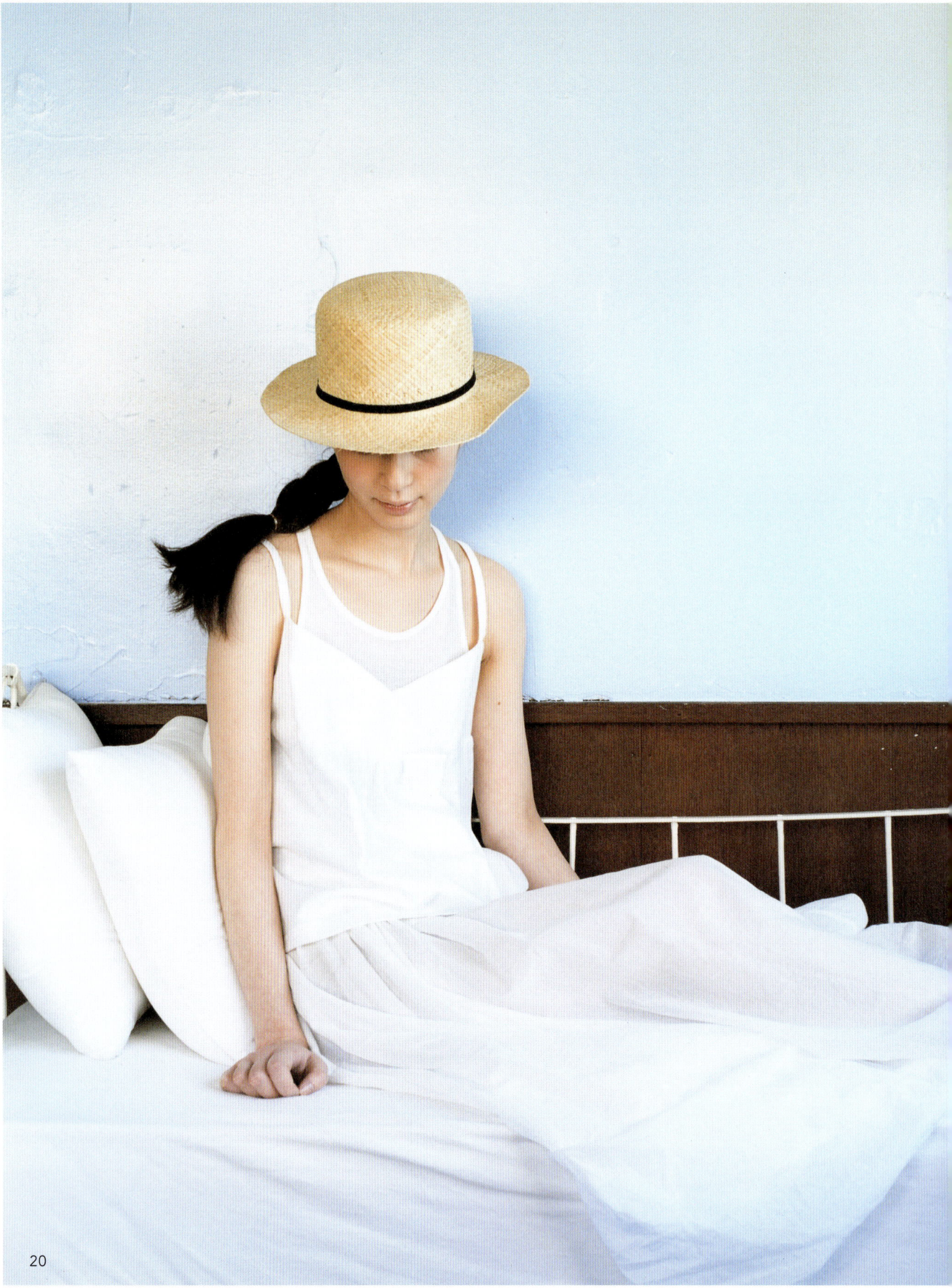

D-4

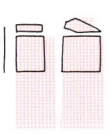

布を重ねた上前身頃の下に、
軽くプリーツをたたんでカシュクール風にみせて。
ナチュラルな白がさわやか。
***** How to make p.55

A-2

B-3

F-2

D-2

A-3

E-2

B-2

C-3

E

いつもワードローブに加えていたい、
ベーシックなシャツドレス。
高めの衿の位置に
こだわったデザイン。

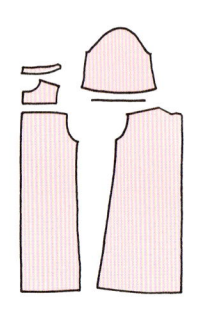

E-1 basic

ファーマーズシャツのような
定番のスタイル。
七分の袖丈と袖口に寄せた
ギャザーで軽やかさを。
***** How to make p.50

E-2

スタンダードな印象のブラックウォッチで。
見返しにフリルをはさみ、
ヨークのギャザーをなくした
ストレートなシルエット。

***** How to make p.51

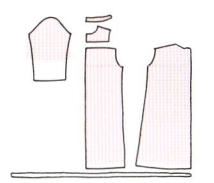

E-3

ワンピース丈を長く、袖は長袖にして軽いコート風。
共布でベルトを作っておくと
着こなしに変化がつけられて便利。

***** How to make p.52

F

袖つけのないフレンチスリーブ、
ハイウエストの切替えの
フォークロアテイスト。

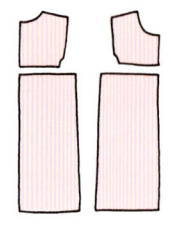

F-1 basic

前身頃の胸もとに、レースとボタンで
あきのように見せたデザイン。
おしゃれなノーションを上手に使って。
***** How to make p.53

F-2

水彩画のようなタッチの花プリントで。
大きくあいたVネックに、裁ちっぱなしの軽やかなフリルを。
***** How to make p.55

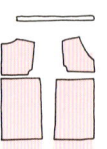

F-3

basicのパターンで
布地とノーションを変えただけ。
まったく別の雰囲気のワンピースに。
***** How to make p.54

Basic Technique・Sewing
----- ソーイングの基本 -----

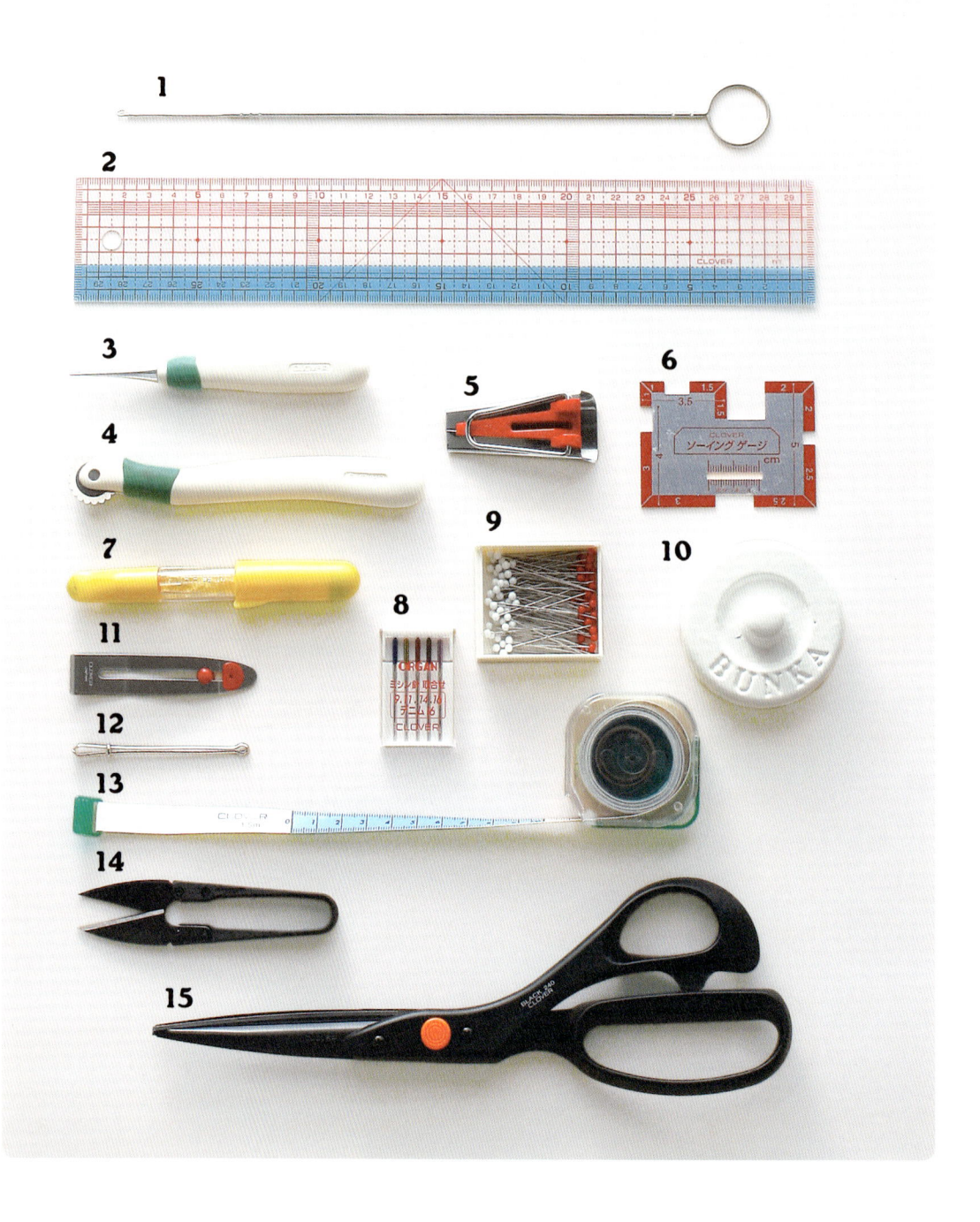

●用具

1 ループ返し
ボタンループやひもなどのループを作るときにたいへん便利な道具

2 方眼定規
型紙作りや裁断のときに方眼のラインで平行線を引くことができ、カーブも定規を起こしてはかれるので便利

3 目打ち
印つけからミシンかけのときまでソーイングには欠かせない用具

4 ルレット
チョークペーパーと組み合わせて使うことが多いが、そのままでも印つけができる

5 テープメーカー
共布バイアステープを作るときに便利。いろいろな幅用がある

6 ミニ定規
1cm、2cmなどちょっとはかりたい場合に。金属製なのでアイロンかけのときにも使いやすい

7 チョーク
削って使う三角形のチョークではなく、先の歯車の間からチョーク粉が出てくる仕組みになっているので、細い一定の線が引ける便利なチョーク

8 ミシン針
ミシン糸や布に合った太さの針を選んで。針は折れるまで使うのではなく、先が傷んだら取り替えることがきれいな仕立てにつながる

9 ピン（まち針）
ピンは頭のあまり大きくない小さめなものが扱いやすい

10 ウエイト
型紙を置くときにこれで押さえて裁断する

11 ゴムテープ通し（幅広）
幅広のゴムテープを通すときに安定感があって使いやすいタイプ

12 ゴムテープ通し
ゴムテープだけではなく、ロープ等ひも類を通すときにも使う

13 メジャー
自分のサイズをはかったり、カーブ寸法をはかったり用尺を確認するなどソーイングには必要な用具

14 糸切りハサミ
ミシンのそばにいつも置いておきたい

15 裁ちバサミ
全体の長さが23〜26cmくらいのものを用意したい。布以外のものを切ると切れ味が鈍るので布地専用にするとよい

●糸と針について

きれいな仕立ての要因の一つにミシン糸と針と布のバランスのとり方があります。糸と針、針と布、糸と布のバランスだけで決められるものでもありません。糸の素材も一種類ではないので知っておきましょう

ミシン糸

[素材の違い]

ポリエステル●いちばん使われている素材でほとんどの布に使用できる
ナイロン●ニット素材用でポリエステルより伸縮性がある
絹●最近はあまり使われていないのでシルクを縫うときもポリエステル糸を使用する。ステッチ用に太いタイプがある
木綿●今ではほとんど使用されない

[太さの違い]

糸は番号の大きいほうが細い糸になる
90番●ローンやボイルなど極薄地を縫うときに
60番 50番●ほとんどの布の縫合せに使う
30番●ステッチを目立たせたいときに使う

ミシン針

[糸と針の組合せ]

9号針●90番のミシン糸を使うときに使用する。細いミシン針
11号針●ほとんどの布の縫合せに使う針で60番、50番の糸と組み合わせて使う
14号針●少し太いミシン針で厚地を縫うときに使う。糸は縫合せ部分には60番、50番の糸、ステッチを目立たせたいときには30番を組み合わせる
16号針●かなり太い針。厚地でかたい布、帆布などを縫うときにしっかり縫える。糸は60番、50番、30番を使う

針	糸	布
9号	90番	ローン、ボイル、シルク、サテン等
11号	60番 50番	ブロード、ギンガム、ソフトデニム、シーチング、チノクロス、フラノ等
14号	60番 30番	厚手デニム、持ち手テープ等
16号	60番 50番 30番	帆布、持ち手テープ等

● ミシンの上手な使い方

ソーイングが苦手な人はミシンが苦手の場合が多いが、ちょっとしたコツでミシンかけの腕が上がる

縫始め

❶ 上糸を針に通したら上糸を持ちながらプーリーを手で回して針を落としてから上げると、下糸が持ち上がる。この糸2本を合わせて向う側にそろえてセットする

❷ 縫い代幅寸法（ここでは1cm）に合わせて布端を針板スケールに合わせたら押え金を下げる

❸ 縫始めは針落ち穴に布端が入り込むことがあるので糸を引きながら縫い始める。こうすると縫始めがきれいにできる

❹ 縫合せ部分にはピンを打ってずれないようにするが、このとき縫い目に対して直角に打っておくとその上を縫ってもうまくよけて縫うことができる

❺ 写真のように両手で布を持ちながらミシンをかけると縫いずれがなく、縫合せがきれいにできる。フットコントローラーだとこのようなことができる

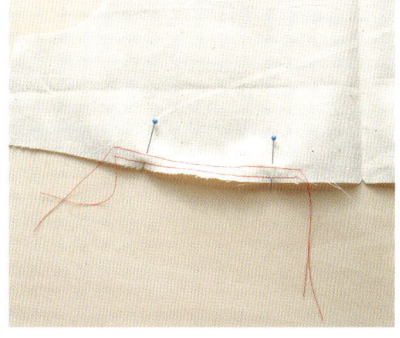

ギャザーの寄せ方

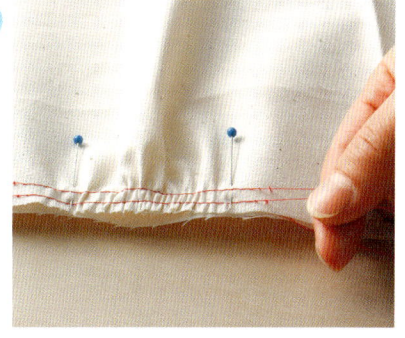

❶ ギャザー寄せミシン（0.4cmくらいの大きい針目のミシン）を縫い代部分に2本かける。このとき、ギャザー止り位置より左右を2〜3cm余分にかける

❷ ミシン糸を2本そろえて引き、縫い合わせるパーツと同じ寸法に縮める

角を縫う

❶ 四角いポケットつけのときなどのミシン使い。角まで縫ってきたら針を刺したままミシンを止める。最後の2〜3針はプーリーを回して上手に角位置で止まるようにする

❷ 針を下げたまま押え金を上げる

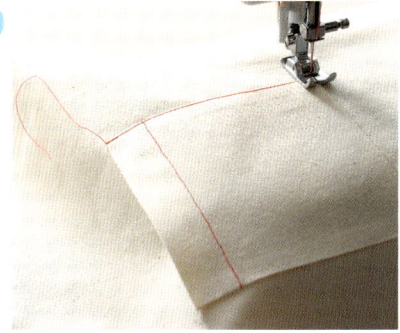

❸ 針を下げたまま布を90度方向転換をして押え金を下げ、次の辺を縫う。縫い始めるときは針を下までしっかり下げてから縫い始める。このときもプーリーを操作する

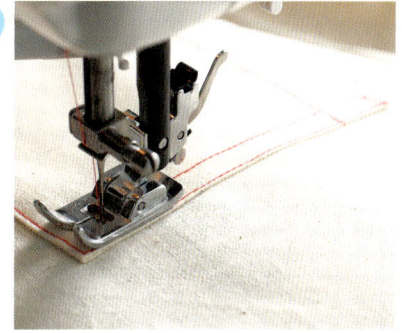

❹ ダブルステッチをかけるときは最初にかけたステッチに押え金の端を合わせ、そこをガイドラインにしてかけると簡単。ステッチ幅によっては押え金に入っているラインを利用するといい

● 裁合せ

布に型紙を置いて裁断をします。そのときに気をつける点がいくつかあります

[布目をきちんとそろえる]

たて糸にそってたたむためには布耳から型紙が入る幅をはかってきちんとたたみます。半分にたたむときは地の目が通っていればそのまま耳を合わせて半分にたたみます。このたたんだところが"わ"になっているので型紙に"わ"の表示のある場合はラインをこのたたんだところに合わせます。実物大パターンには布目線が入っているので、布目と平行に型紙を置きます

布目に合わせてたたむ
方眼定規 / わ / 布目 / 布耳

型紙を置く
型紙の表示が"わ"のところを布が"わ"になったところに合わせる / 布が"わ"になったところ / 布目線 / 後ろ身頃 / わ

[型紙を布の上に置く]

縫い代つきの型紙を裁合せ図を参照して布の上に置きます。この時、型紙の布目線と布目を合わせることが重要です。ピンでとめてもいいのですが、ずれの少ないウエイト利用が一番のおすすめです

● 自分のサイズを計る

自分の各部分のサイズを知っておきましょう。自分の現在のサイズは思っている寸法と違うかもしれません。型紙を選ぶときのヌードサイズ（参考寸法表）と照らし合わせてください。この本では下記のサイズを基に実物大パターンを作成しています。

ゆき丈 / 肩幅 / 背丈 / 袖丈 / バスト / ウエスト / ヒップ / 股下

参考寸法表　（単位はcm）

	7号	9号	11号	13号
バスト	79	83	87	91
ウエスト	60	64	68	72
ヒップ	86	90	94	98
身長	156	160	164	168

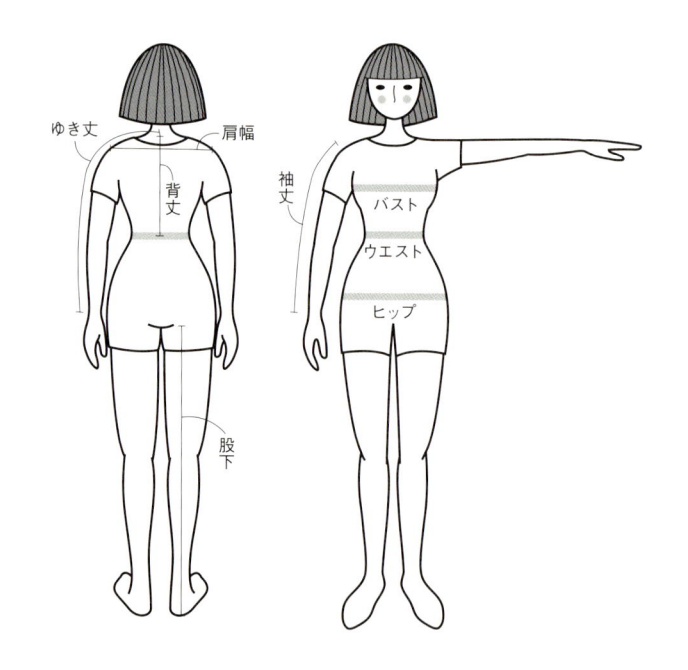

How to make

- 本文の材料で数字が一つのものは7〜13号まで共通の用尺になっています。
- 布の裁合せは、布幅やサイズの違いによって配置が異なることがあります。まず、すべてのパターンを配置して確認してから裁断してください。
- 一部のフリル、ベルトは裁合せ図に寸法が表記されていますので、直裁ちをしてください。

● 縫い代つき型紙の作り方

この本では実物大型紙を写した後、必要な縫い代をつけて、使いやすい型紙にすることをおすすめします。一手間かかりますが裁断に失敗がなく縫合せも簡単です。まずハトロン紙(型紙用のロールタイプもあります)を用意して型紙を写します。型紙に入っているマークや布目線、ポケット位置、あき止り位置など、すべて写します。ポケットや見返しは別に写してそれぞれ型紙を作ります

【型紙】　　　　【写したところ】

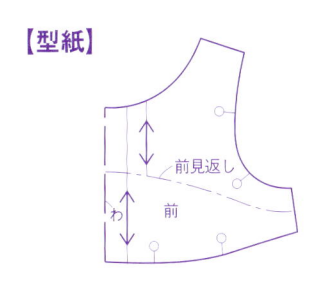

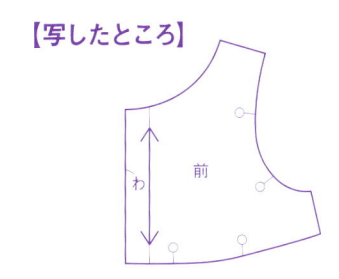

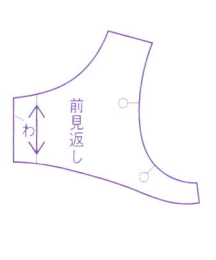

前見返し　　　前　　　前見返し
わ　前　　　わ　　　　わ

【写し方】 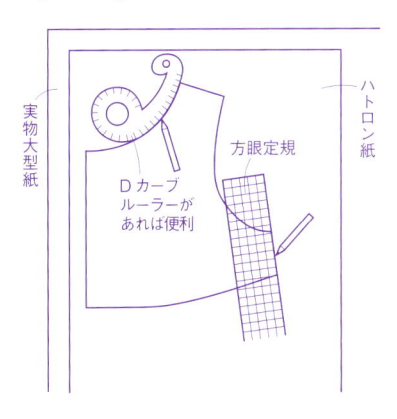　　　【縫い代のつけ方】

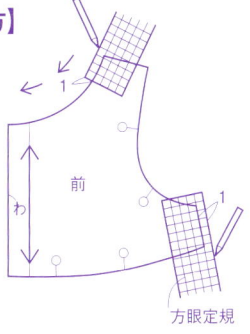

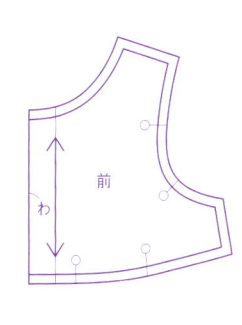

実物大型紙　　　　　　　1
Dカーブルーラーがあれば便利　　前　　　前
方眼定規　　　わ　　　わ
ハトロン紙　　　　方眼定規

縫い代幅
縫い合わせる部分は基本的に1cm。一般的なファスナーをつける場合は1.5cmつけます。三つ折り部分は裁合せ図を参照してつけます。注意したいのはダーツ部分の縫い代で、倒す方向によって変わってきますのでたたんでから縫い代部分をカットすると正しい縫い代つき型紙になります

● 地直しのやり方

聞き慣れない言葉ですが、以前は木綿は縮むことが多く、一度洗って縮ませて、布目(地の目)を整える必要がありました。最近はほとんどその必要がなくなりましたが、リネンや輸入木綿などは縮みますので必要です。布耳に対して直角にハサミを入れてもよこ糸(緯糸)にそってカットできない場合は布目が斜めになっているということですので洗濯機で洗い、布を引っ張って布目を直します。洗うことでかなりの場合直ります

布耳　布耳　　　　　　　　　　　　　　湿っている状態引っ張る

地直しが必要な布 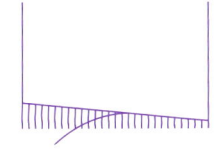　　よこ糸を抜くと斜めになる  　　よこ糸にそってカットする 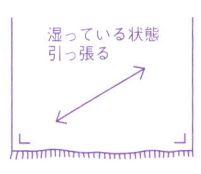　　洗ったあと角が直角になるように引っ張って布目を直す

A-1 basic

p.2

材料……木綿[ヘリンボン]102cm幅 3m40cm
接着芯（袖口見返し）：90cm幅 10cm

作り方……

準備 袖口見返しに接着芯をはり、見返し奥にM。
1. 肩を縫う（2枚一緒にM。縫い代は後ろ側に倒す）。
2. 脇を縫う（2枚一緒にM。縫い代は後ろ側に倒す）。
3. 上下裾フリルの脇を縫う（2枚一緒にM。縫い代は後ろ側に倒す）。
4. 上下裾フリルの裾にM、折り上げてまつる。
5. 上下フリルを重ね、身頃と縫い合わせる（3枚一緒にM。縫い代は身頃側に倒す）。
6. 前衿ぐりにタックをとり、衿バイアス布（共布）でパイピングする。（p.39参照）
7. 袖下を縫い（2枚一緒にM。縫い代は後ろ側に倒す）、袖山にギャザーを寄せる。
8. 袖口見返しを縫って輪にし（縫い代は割る）、タックをとった袖口と中表に合わせて縫い返す。
9. 袖をつける（2枚一緒にM。縫い代は袖側に倒す）。

＊ Mは「縫い代にロックミシンまたはジグザグミシンをかける」の略。

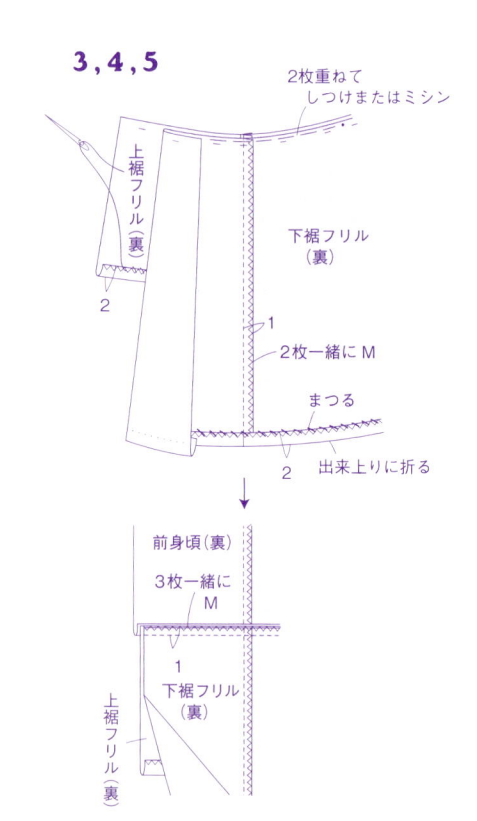

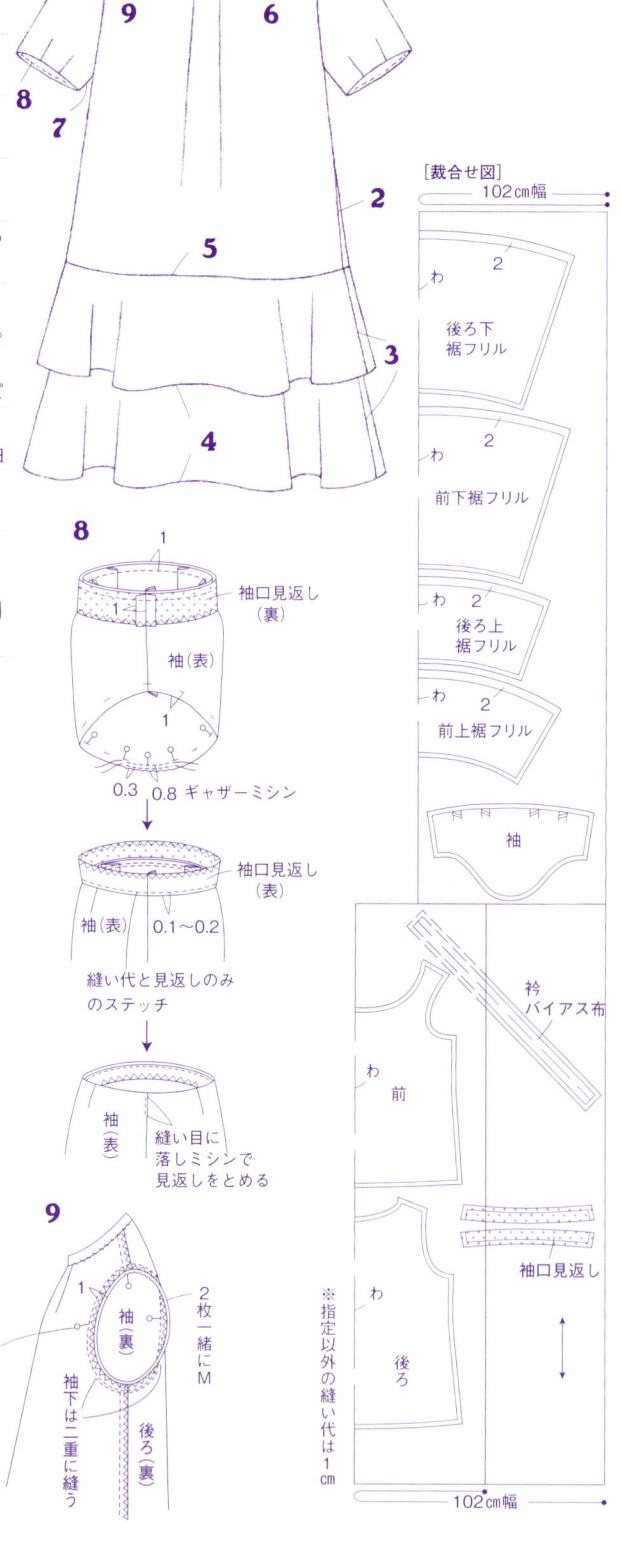

A - 2

p.4

材料……木綿[シャドーチェックジャガード]110cm幅 1m50cm

作り方……

1. 肩を縫う(2枚一緒にM。縫い代は後ろ側に倒す)。
2. 脇を縫う(2枚一緒にM。縫い代は後ろ側に倒す)。
3. 裾を三つ折りにして縫う。
4. 前衿ぐりにタックをとり、衿バイアス布をねじってパイピングする。
5. 袖下を縫う(縫い代は割る)。
   半分に折り、2枚一緒にギャザーを寄せる。
6. 袖をつける(3枚一緒にM。縫い代は身頃側に倒す)。

※タック、袖口、パイピングの折り山にはアイロンをかけずにふんわり仕上げる。

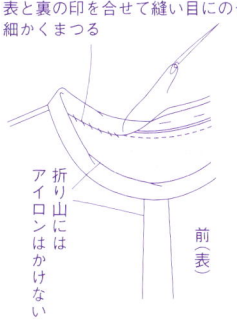

＊Mは「縫い代にロックミシンまたはジグザグミシンをかける」の略。

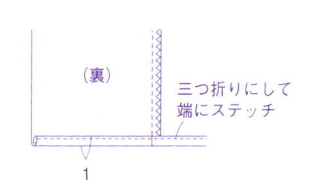

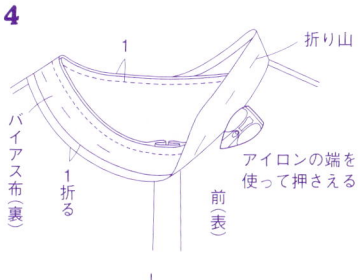

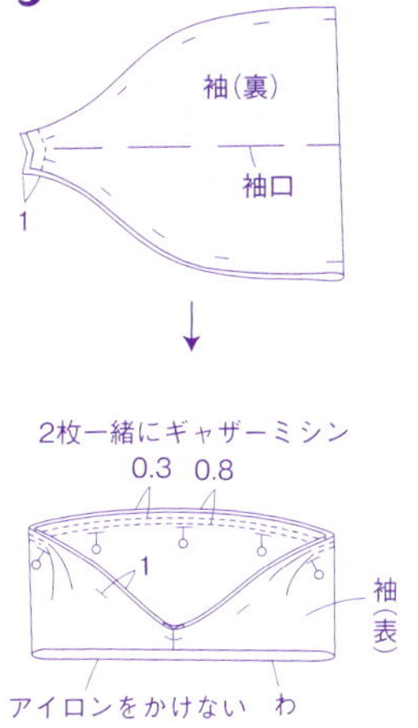

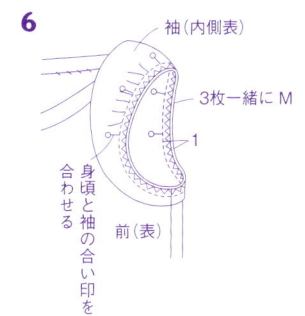

[裁合せ図]

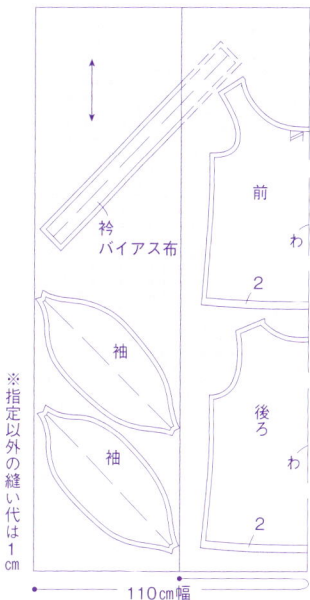

A-3

p.5

材料……木綿［リバティプリント］110cm幅2m30cm
　　　　接着芯（衿ぐり見返し）：90cm幅40cm

作り方……
準備　衿ぐり見返しに接着芯をはり、見返しの奥にM。
1. 身頃の肩を縫う（2枚一緒にM。縫い代は後ろ側に倒す）。
2. 脇を縫う（2枚一緒にM。縫い代は後ろ側に倒す）。
3. 裾を三つ折りにして縫う。
4. 衿ぐり見返しの肩を縫う（縫い代は割る）。
　 身頃の衿ぐりにギャザーを寄せ、見返しと中表に合わせて縫い返す。
5. 袖下を縫う（2枚一緒にM。縫い代は後ろ側に倒す）。
6. 袖口フリルを縫って輪にし（2枚一緒にM。縫い代は後ろ側に倒す）、端を三つ折りにして縫う。
7. 袖とフリルを縫い合わせる（2枚一緒にM。縫い代は袖側に倒す）。
8. 袖をつける（2枚一緒にM。縫い代は袖側に倒す）。（p.38参照）

＊ Mは「縫い代にロックミシンまたはジグザグミシンをかける」の略。

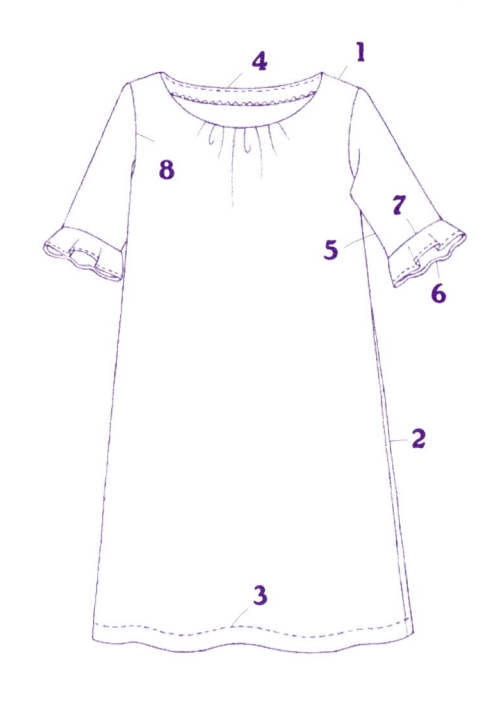

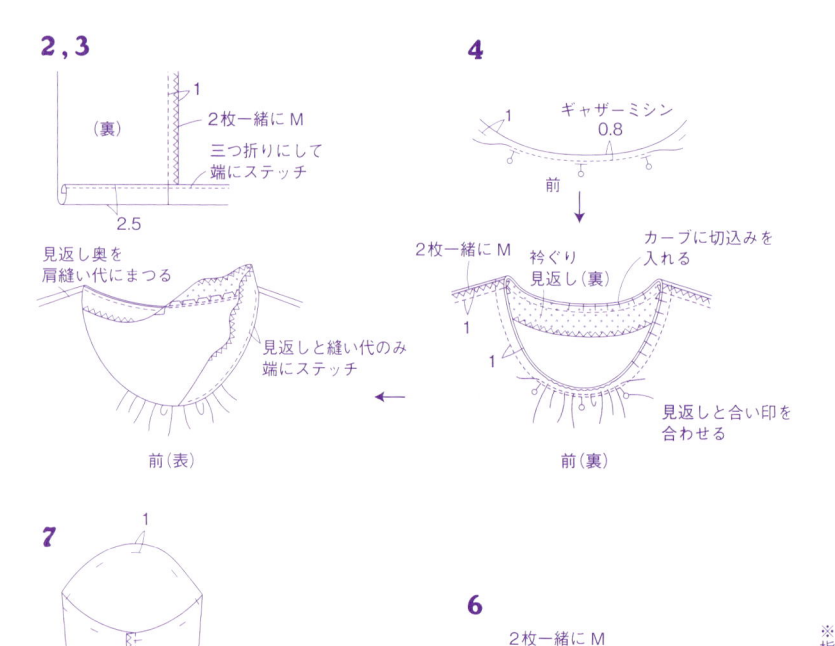

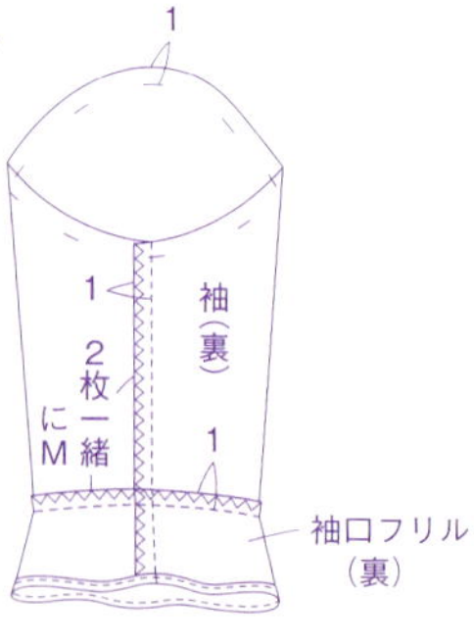

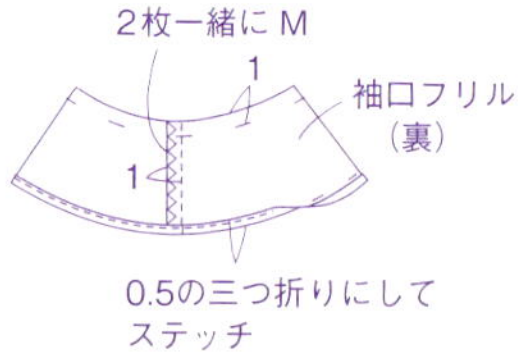

A p.4 p.6

材料……麻[リトアニアリネン]150cm幅1m70cm
　　　　接着芯(衿ぐり見返し):90cm幅40cm
　　　　安全ピン(胸リボン用):1本

作り方……

準備 衿ぐり見返しに接着芯をはり、見返しの奥にMをかける。

1. 身頃の肩を縫う(2枚一緒にM。縫い代は後ろに倒す)。
2. 身頃、裾フリルの脇を縫う(2枚一緒にM。縫い代は後ろ側に倒す)。
3. 裾フリルの端を三つ折りにして縫い、ギャザーを寄せる。
4. 身頃と裾フリルを縫い合わせる(2枚一緒にM。縫い代は身頃側に倒す)。
5. 衿ぐり見返しの肩を縫う(縫い代は割る)
　身頃の衿ぐりにタックをとり、見返しと中表に合わせて縫い返す。(p.40参照)
6. 袖下を縫い(2枚一緒にM。縫い代は後ろ側に倒す)、袖山にギャザーを寄せる。
7. 袖口を三つ折りにして縫う。
8. 袖をつける(2枚一緒にM。縫い代は袖側に倒す)。(p.38参照)
9. リボンを作る。

＊Mは「縫い代にロックミシンまたはジグザグミシンをかける」の略。

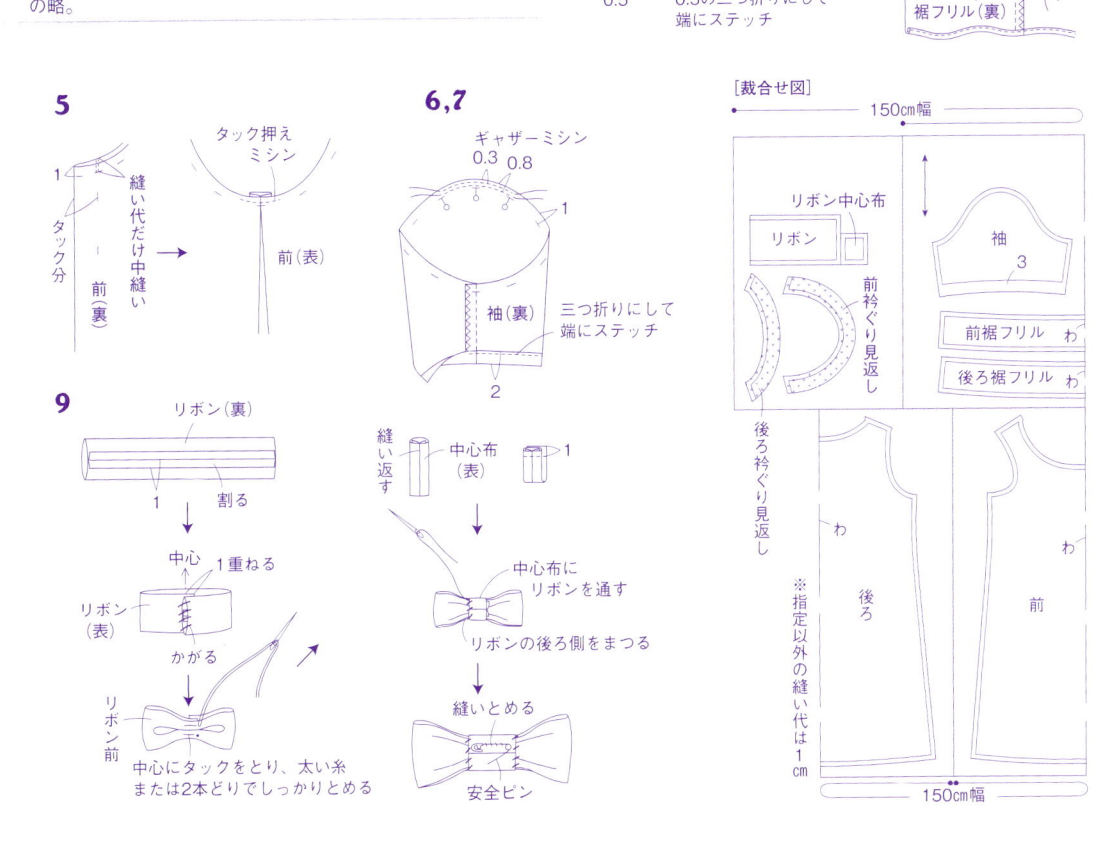

B-1 basic   p.8

材料……木綿[FWドット]120cm幅2m80cm
　　　　　リボン（ウエスト用）：2.5cm幅1m70cm

作り方……

準備　脇にM。
　　　　※ほつれやすい布は衿ぐりにM。

1. リボンの通し口を残して脇を縫う（縫い代は割る）。
2. 後ろ身頃のリボンの通し口にステッチをかけ、リボン通し布をつける。
3. 裾を三つ折りにして縫う。
4. 袖口にギャザーミシンをかけ、袖下を縫う（2枚一緒にM。縫い代は後ろ側に倒す）。
5. 袖口にギャザーを寄せ、バイアス布（共布）でパイピングする。
6. 袖をつける（2枚一緒にM。縫い代は身頃側に倒す）。
7. 衿ぐりにギャザーを寄せてバイアス布（共布）でパイピングする。
8. リボンの両端を三つ折りにして縫い、ウエストに通す。

＊Mは「縫い代にロックミシンまたはジグザグミシンをかける」の略。

[裁合せ図]

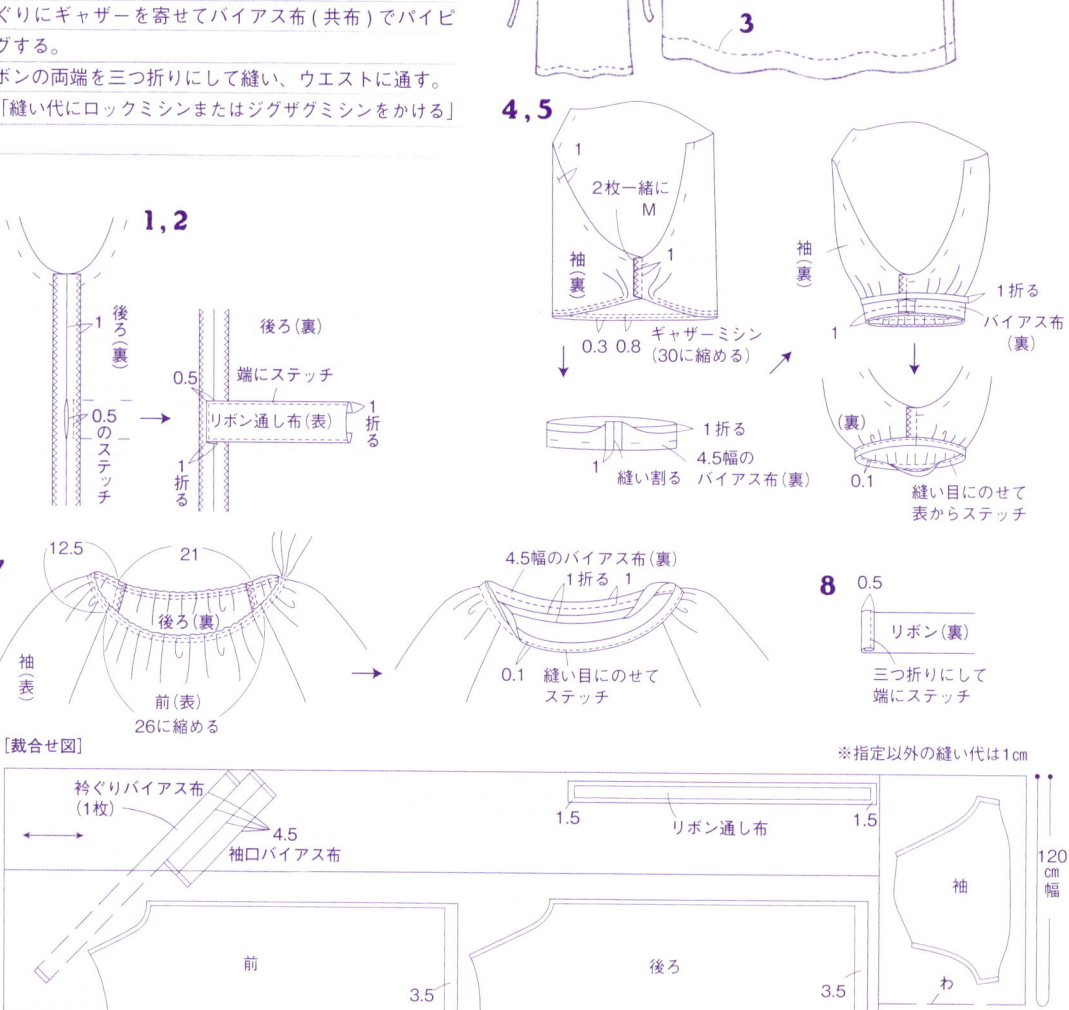

※指定以外の縫い代は1cm

B-2

p.10

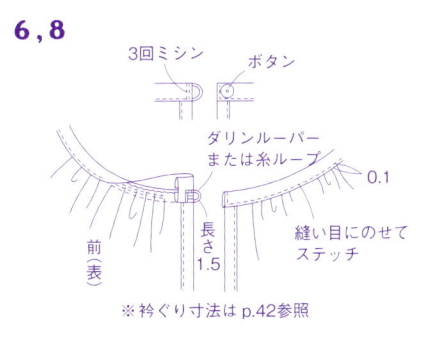

材料……麻［リトアニアリネン］150cm 幅 1m 50cm
　　　　リネントーションレース(裾用)：3.5cm 幅 1m 20cm、
　　　　1m 60cm、2m、2m 40cm
　　　　ダリンルーパー：1個、ボタン：直径1cmを1個

作り方……
準備　※ほつれやすい布は衿ぐりにM。
1　脇を縫う (2枚一緒にM。縫い代は後ろ側に倒す)。
2　袖口にギャザーミシンをかけ、袖下を縫う (2枚一緒にM。縫い代は後ろ側に倒す)。(p.42 参照)
3　袖口を24cmに縮め、バイアス布 (共布) でパイピングする。(p.42 参照)
4　袖をつける (2枚一緒にM。縫い代は身頃側に倒す)
5　前中心のあきをバイアス布 (共布) でパイピングする。
6　衿ぐりにギャザーを寄せてバイアス布 (共布) でパイピングする。(p.42 参照)
7　裾を三つ折りにして縫い、レースをつける。
8　ボタンをつける。

＊ Mは「縫い代にロックミシンまたはジグザグミシンをかける」の略。

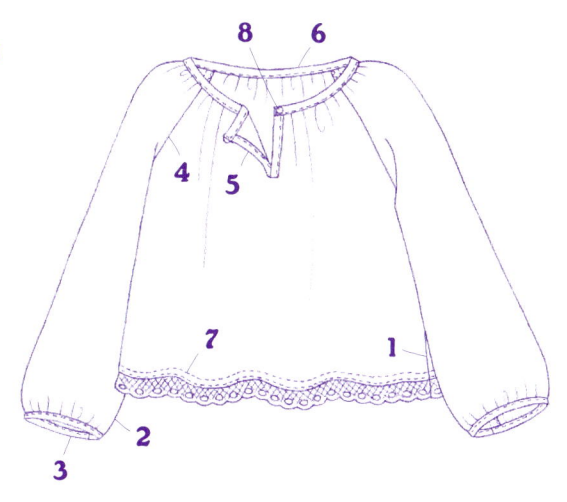

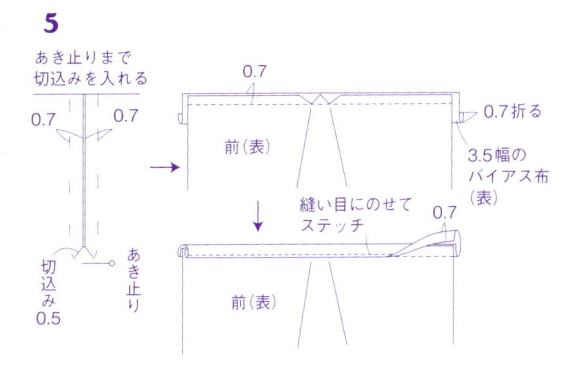

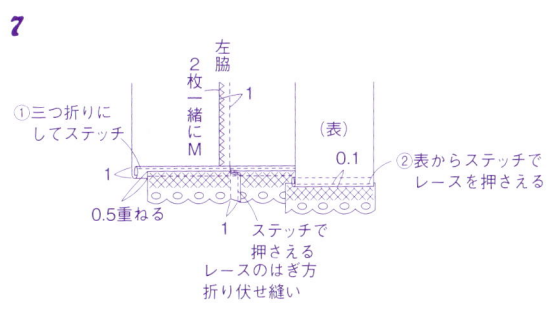

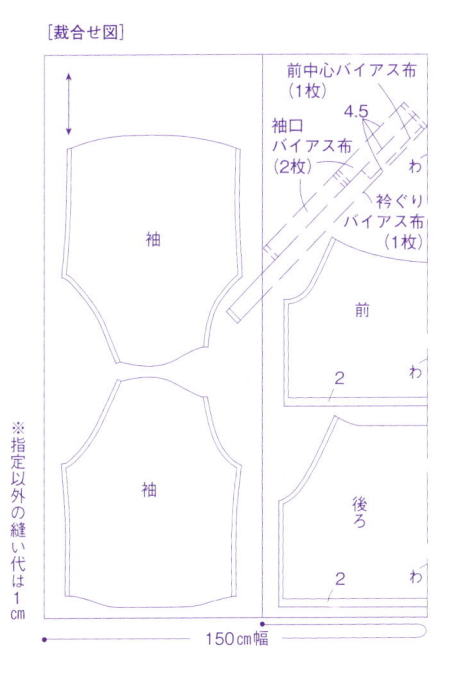

B=3

p.11

材料……麻[リトアニアリネン]150cm幅2m20cm
　　　　グログランリボン：2.5cm幅1m50cm、1m60cm、
　　　　1m80cm、2m

作り方……
準備　後ろ中心にM。
　　※ほつれやすい布は衿ぐりにM。
1　ポケットをつける。
2　後ろ中心をあき止りまで縫う（縫い代は割る）。
　　あきの始末をする。
3　脇を縫う（2枚一緒にM。縫い代は後ろ側に倒す）。
4　裾を三つ折りにして縫う。
5　袖下を縫う（2枚一緒にM。縫い代は後ろ側に倒す）。
6　袖口を三つ折りにして縫う。
7　袖をつける（2枚一緒にM。縫い代は身頃側に倒す）。
8　衿ぐりにギャザーを寄せ（p.42参照）、グログランリボン
　　でパイピングする。リボンの部分を仕上げる。

＊Mは「縫い代にロックミシンまたはジグザグミシンをかける」
　の略。

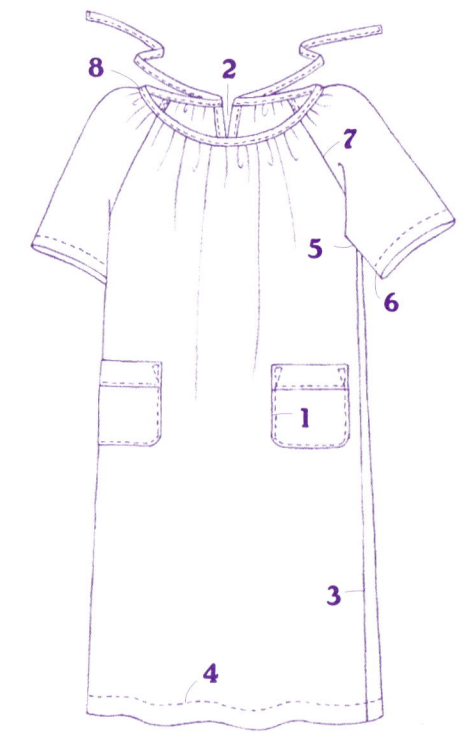

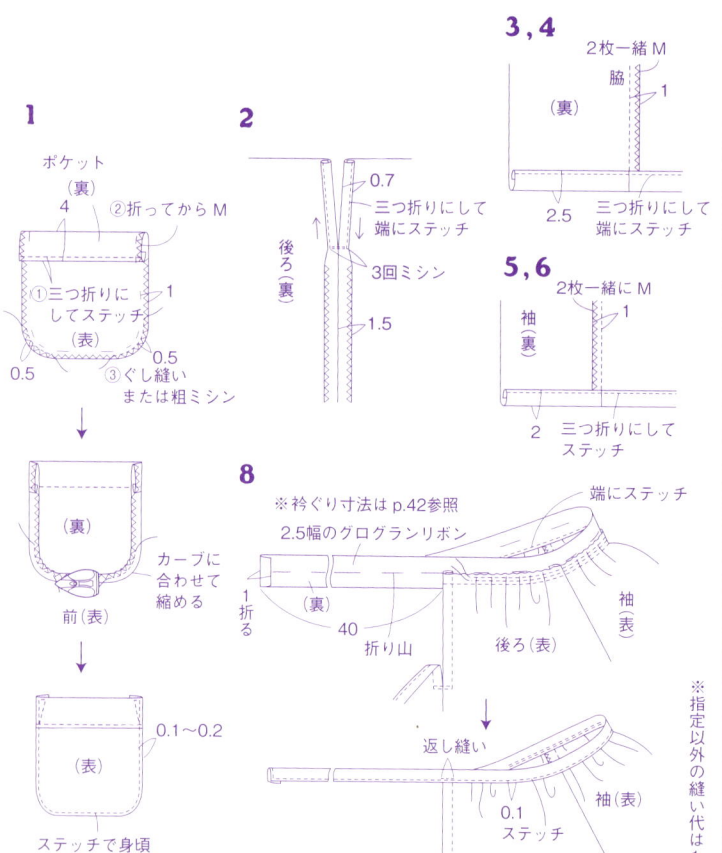

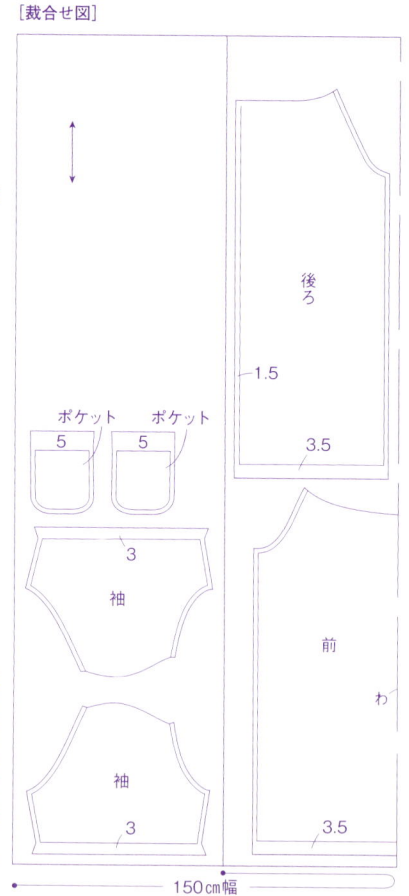

C-1 basic

p.12

材料……木綿［ランダムドット］110cm幅 3m
　　　　接着芯（前後表ヨーク・部分芯）：90cm幅 30cm

作り方……

準備　前後表ヨーク、前裏ヨークのスラッシュ部分に接着芯をはる。袖下にM。

1　脇を縫う（2枚一緒にM。縫い代は後ろ側に倒す）。
2　裾を三つ折りにして縫う。
3　表ヨーク、裏ヨークの肩をそれぞれ縫う（縫い代は割る）。
4　ヨークの衿ぐりを縫い返す。
5　身頃にギャザーを寄せ、表ヨークと縫い合わせる。（縫い代はヨーク側に倒す）。裏ヨークをまつりつける。
6　袖下をあき止まで縫う（縫い代は割る）。
7　袖口を三つ折りにして縫ってから、袖下スリットを三つ折りにして縫う。
8　袖をつける（2枚一緒にM。縫い代は袖側に倒す）。（p.38参照）

＊Mは「縫い代にロックミシンまたはジグザグミシンをかける」の略。

［裁合せ図］

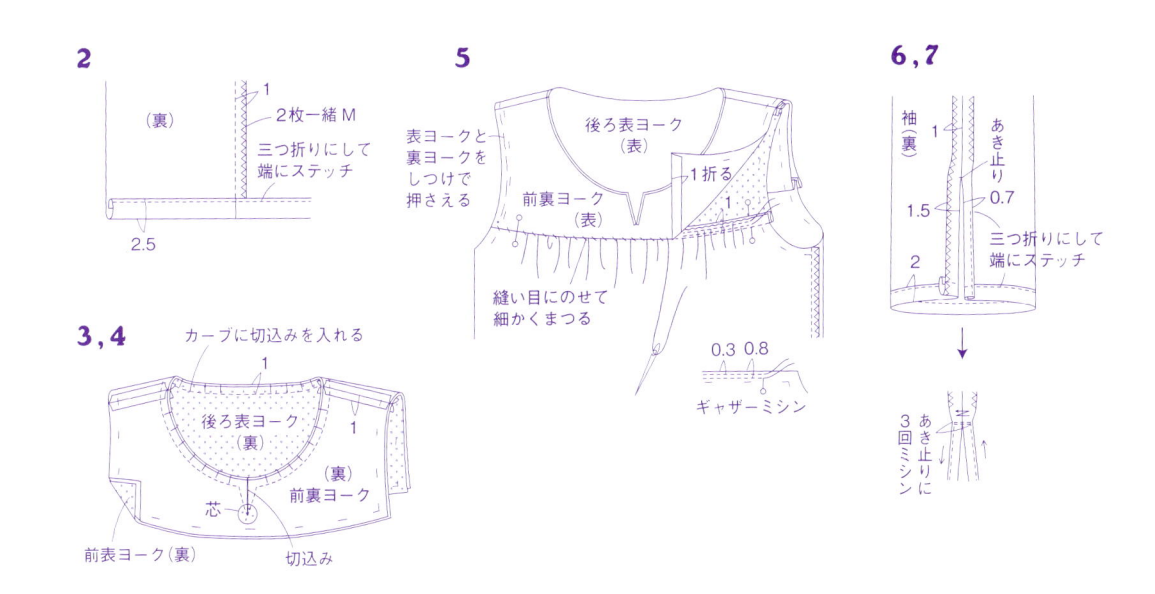

※指定以外の縫い代は1cm

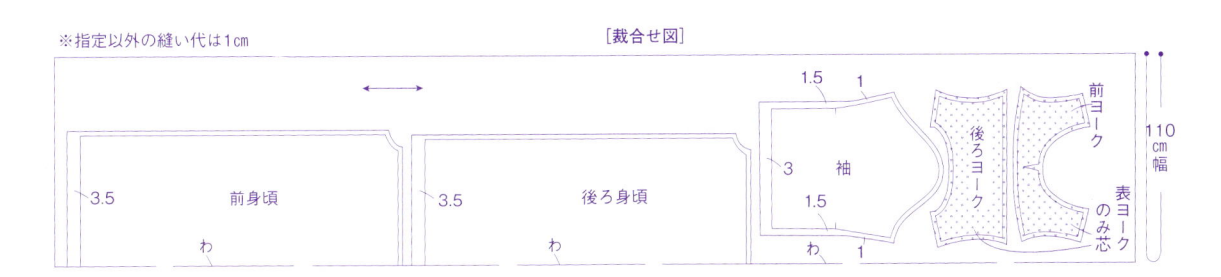

C-2

p.14

材料……綿麻［モーリスクロス］110cm 幅 2m60cm
　　　　接着芯（前後表ヨーク・部分芯）：90cm 幅 30cm

作り方……

準備　前後表ヨーク、裏前ヨークの角部分に接着芯をはる。

1. 脇を縫う（2枚一緒にM。縫い代は後ろ側に倒す）。
2. 裾を三つ折りにして縫う。
3. 表ヨーク、裏ヨークの肩をそれぞれ縫う（縫い代は割る）。
4. ヨークの衿ぐりを縫い返す。
5. 身頃にギャザーを寄せ、表ヨークと縫い合わせる（縫い代はヨーク側に倒す）。（p.45参照）
裏ヨークをまつりつける。
6. 袖山にギャザーを寄せ、袖下を縫う（2枚一緒にM。縫い代は後ろ側に倒す）。
7. 袖口を三つ折りにして縫う。
8. 袖をつける（2枚一緒にM。縫い代は袖側に倒す）。（p.38参照）

＊Mは「縫い代にロックミシンまたはジグザグミシンをかける」の略。

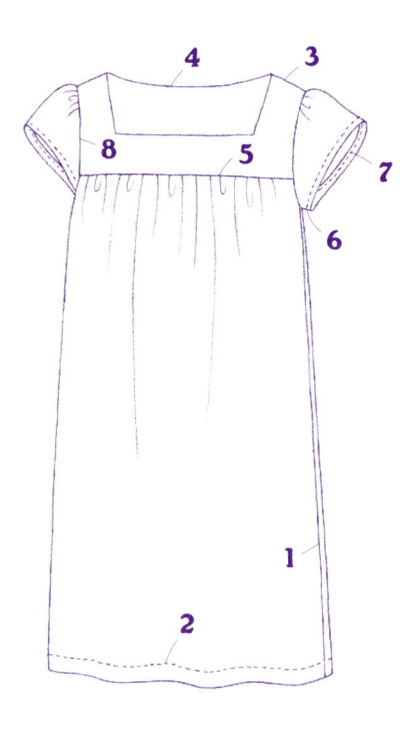

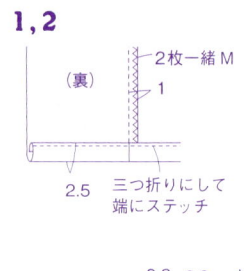

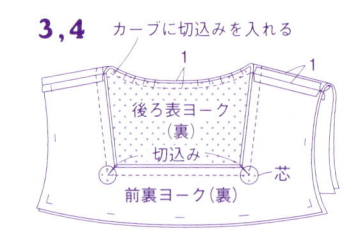

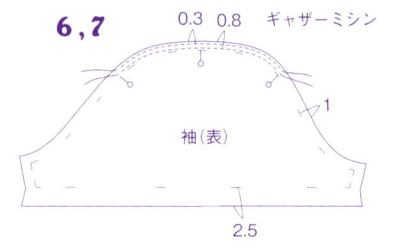

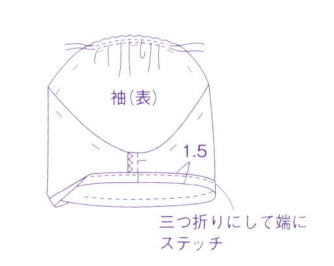

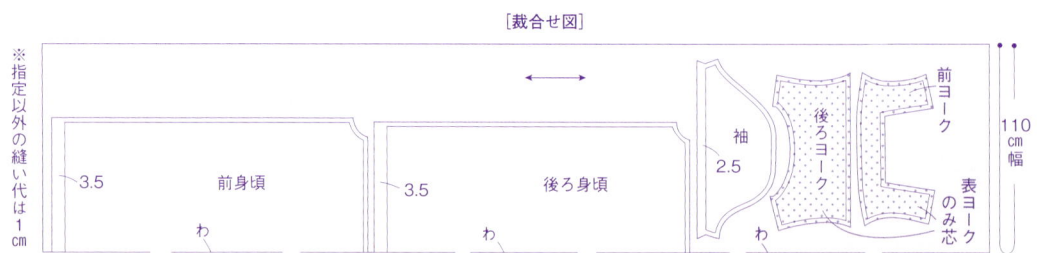

［裁合せ図］

※指定以外の縫い代は1cm

C = 3

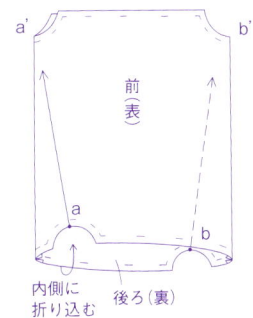

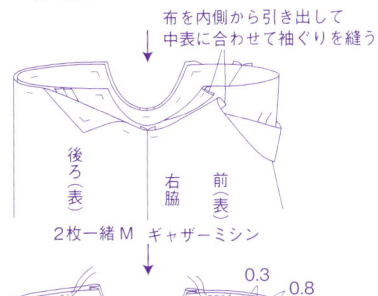

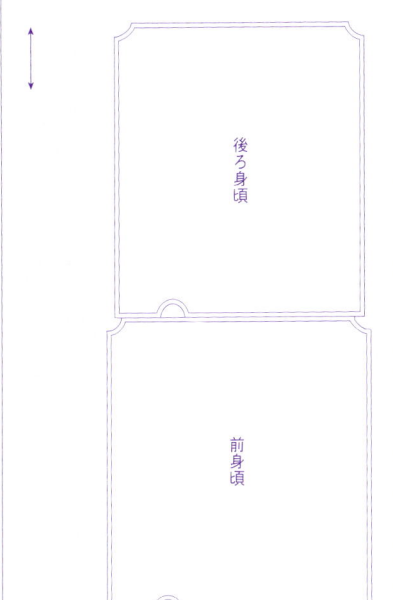

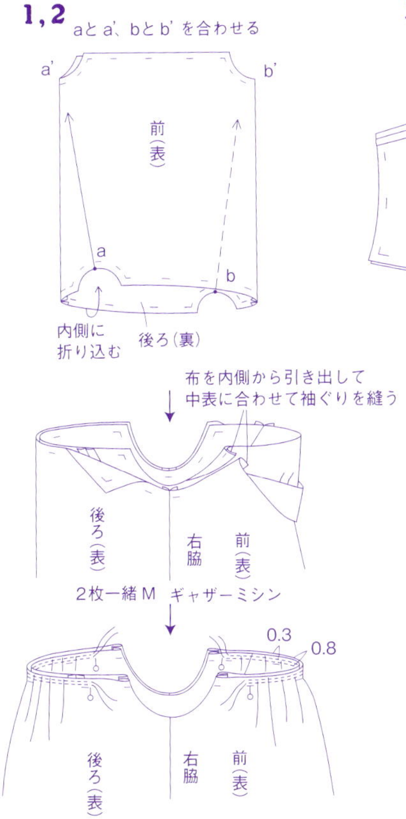

p.15

材料……木綿［Wガーゼ］（薄グレー）108cm幅 1m70cm
　　　　　　　　　　　　（濃グレー）108cm幅 50cm
　　　　接着芯（前後表ヨーク）：90cm幅 30cm

作り方……
準備　前後表ヨークに接着芯をはる。
　　※ほつれやすい布は脇にM。
1　身頃の脇を縫う（縫い代は割る）。
2　表を出した状態で裾部分をねじるように内側に折り上げる。袖ぐりを引き出して縫う。身頃の内側と外側を重ねて2枚一緒にギャザーを寄せる。
3　表ヨーク、裏ヨークの肩をそれぞれ縫う（縫い代は割る）。
4　ヨークの衿ぐりを縫い返す。
5　ヨークの袖ぐりを縫い返す。
6　表ヨークと身頃を縫い合わせる（縫い代はヨーク側に倒す）。裏ヨークをまつりつける。(p.45参照)
＊ Mは「縫い代にロックミシンまたはジグザグミシンをかける」の略。

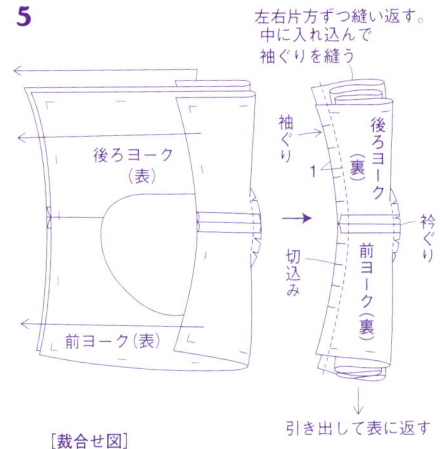

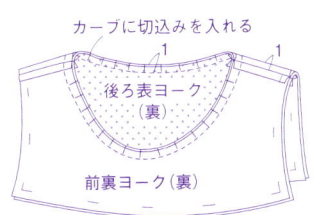

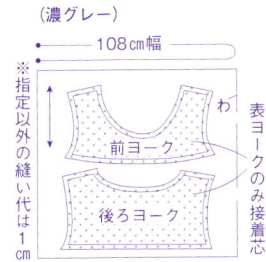

D-1 basic p.16

材料……麻［リトアニアリネン］150cm幅 1m70cm

作り方……
1. 肩ひもを作る
2. 表上身頃と裏上身頃の脇をそれぞれ縫う（縫い代は割る）。
3. 表上身頃と裏上身頃に肩ひもをはさんで縫い返す。
4. 身頃の脇を縫う（2枚一緒にM。縫い代は後ろ側に倒す）。
5. 裾を三つ折りにして縫う。
6. 身頃にギャザーを寄せ、上身頃と縫い合わせる（3枚一緒にM。縫い代は身頃側に倒す）。

＊Mは「縫い代にロックミシンまたはジグザグミシンをかける」の略。

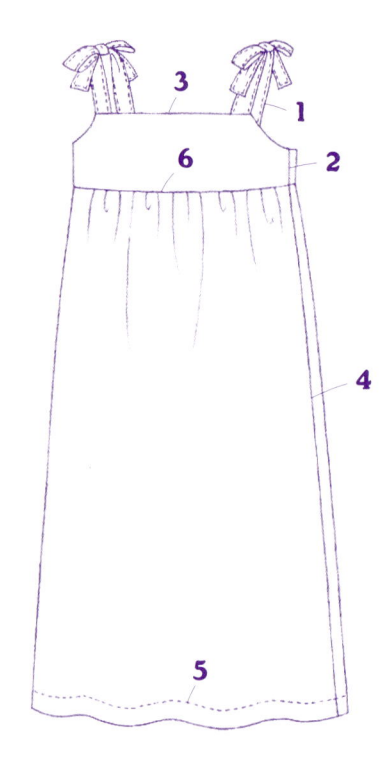

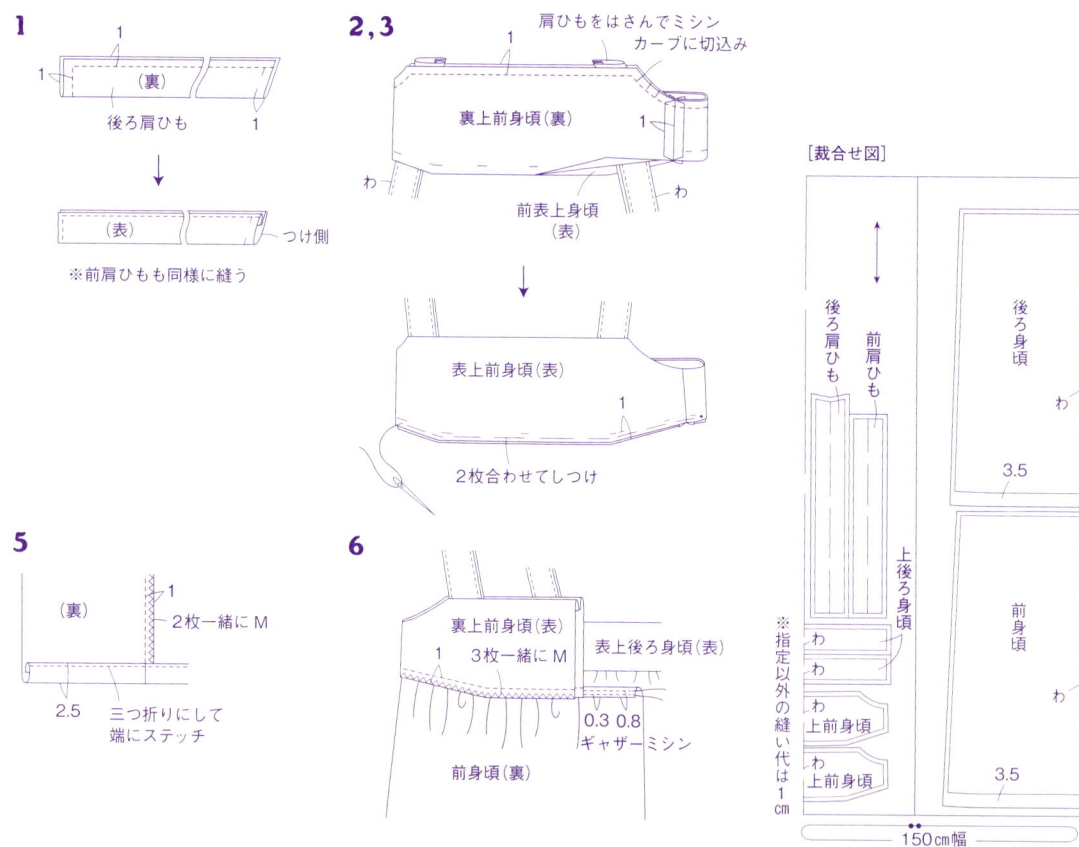

D-2　p.18

材料……木綿 [FW カルゼ] 120cm 幅 1m50cm
　　　　リボン（肩ひも）：2.5cm 幅 1m
　　　　ゴムテープ：0.7cm 幅 15cm

作り方……

1. リボンを使って肩ひもを作る。
2. 表上身頃と裏上身頃の脇をそれぞれ縫う（縫い代は割る）。
3. 表上身頃と裏上身頃に肩ひもをはさんで縫う。
4. 上身頃の縫い代にゴムテープの端を縫いとめ、表に返してゴム通しのステッチをかける。
5. 身頃の脇を縫う（2枚一緒にM。縫い代は後ろ側に倒す）。
6. 裾を三つ折りにして縫う。
7. 身頃にギャザーを寄せ、上身頃と縫い合わせる（全部一緒にM。縫い代は身頃側に倒す）。
8. 肩ひもの後ろをミシンでとめ、余裕分をまつりつける。

＊M は「縫い代にロックミシンまたはジグザグミシンをかける」の略。

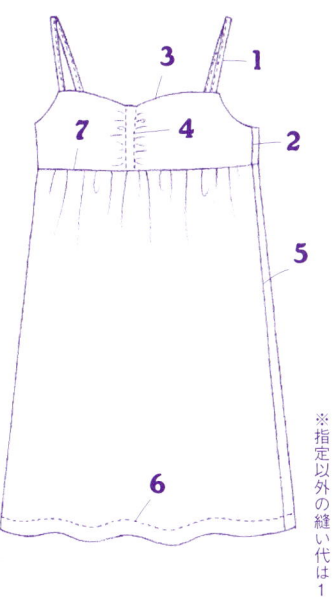

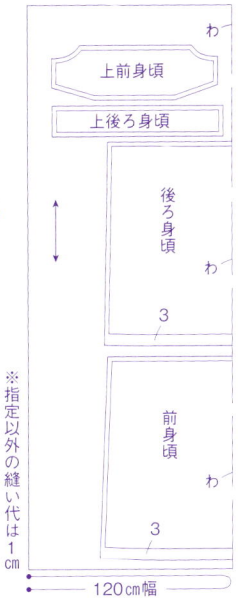

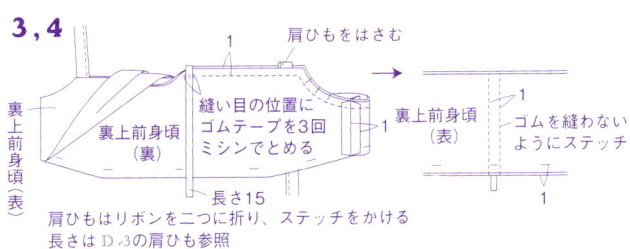

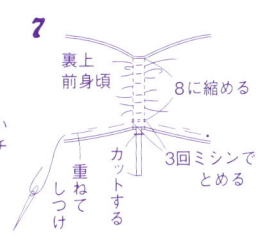

D-3　p.19

材料……綿麻 [モーリーパンノミ] 106cm 幅 1m30cm
　　　　リネントーションレース：2cm 幅 40cm

作り方……

準備　前身頃、後ろ身頃の上端にM。

1. 肩ひもを作る。
2. 表上身頃と裏上身頃の脇をそれぞれ縫う（縫い代は割る）。
3. 表上身頃と裏上身頃にレースと肩ひもをはさんで縫い返し、下端に2枚一緒にM。（p.48 参照）
4. 身頃の脇を縫う（2枚一緒にM。縫い代は後ろ側に倒す）。
5. 裾を三つ折りにして縫う。
6. 身頃と上身頃にそれぞれタックをとり、縫い合わせる（縫い代は身頃側に倒す）。
7. 肩ひもの後ろをミシンでとめ、余裕分をまつりつける。

＊M は「縫い代にロックミシンまたはジグザグミシンをかける」の略。

E-1 basic

p.24

材料……木綿［ロンドンストライプB］102cm幅 2m60cm
　　　　接着芯（表衿・裏衿）：90cm幅 50cm
　　　　ボタン：直径1.15cmを10個

作り方……

準備 表衿、裏衿に接着芯をはる

1. 後ろ身頃にギャザーを寄せ、表、裏ヨークにはさんで縫う。前身頃にギャザーを寄せ、表、裏ヨークにはさんで縫い、表に返す。
2. 脇を縫う（2枚一緒にM。縫い代は後ろ側に倒す）。
3. 前裁出し見返しの裾を縫い返し、三つ折りにする。裾を三つ折りにして縫う。
4. 衿をつける。
5. 袖下を縫う（2枚一緒にM。縫い代は後ろ側に倒す）。
6. 袖口にギャザーを寄せ、カフスをつける。
7. 袖をつける（2枚一緒にM。縫い代は身頃側に倒す）。(p.38参照)
8. ボタンホールを作り、ボタンをつける。

＊ Mは「縫い代にロックミシンまたはジグザグミシンをかける」の略。

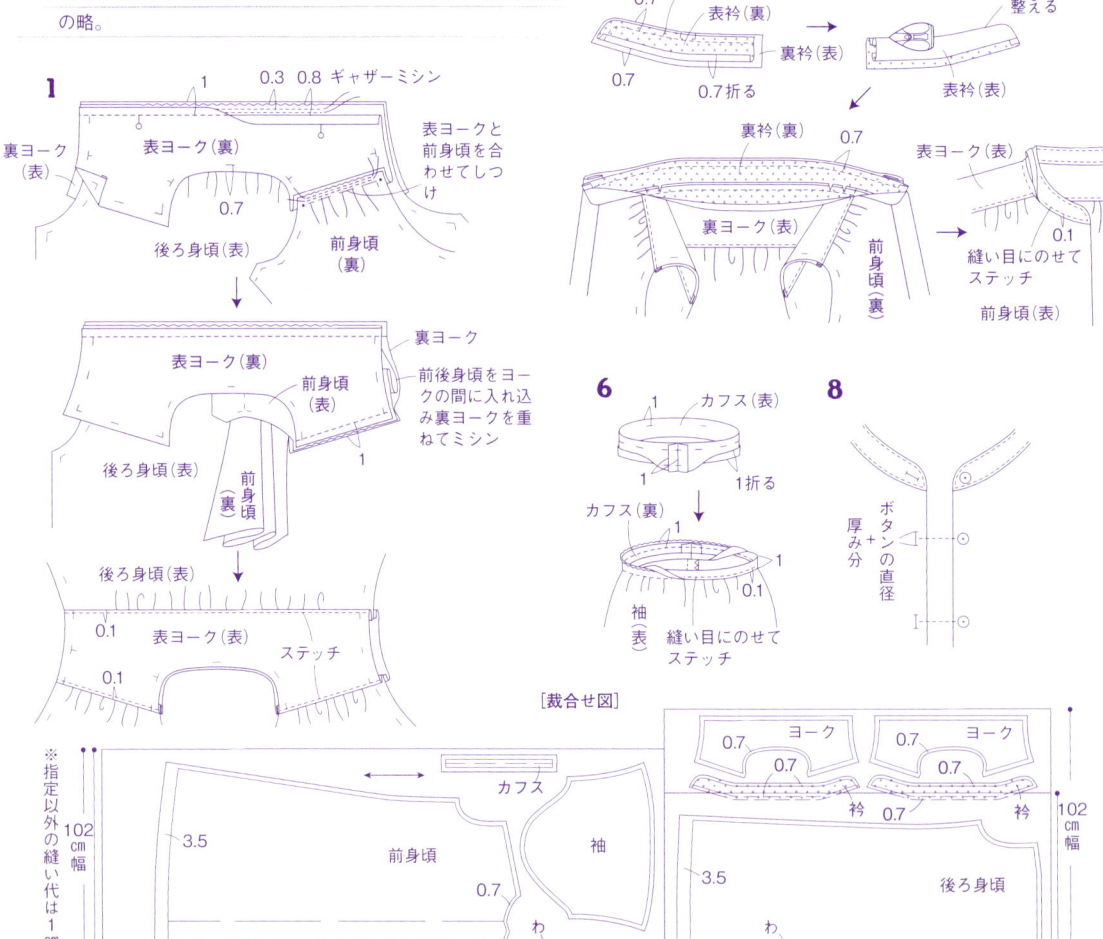

E=2
p.26

材料……綿麻［タータンチェック］（柄合せあり）
　　　　135cm幅 2m30cm
　　　　接着芯（表衿・裏衿）：90cm幅50cm
　　　　ボタン：直径1.15cmを10個

作り方……
準備　表衿、裏衿に接着芯をはる。フリルの端にM。
1　後ろ身頃にタックをたたみ、表、裏ヨークにはさんで縫う。前身頃を、表、裏ヨークにはさんで縫い、表に返す。（p.50参照）
2　脇を縫う（2枚一緒にM。縫い代は後ろ側に倒す）。
3　フリルの端を折り縫う。つけ側にギャザーを寄せる。
4　前裁出し見返しを表側に折りフリルをはさんで縫う。
5　裾を三つ折りにして縫う。
6　衿をつける。（p.50参照）
7　袖下を縫う（2枚一緒にM。縫い代は後ろ側に倒す）。
8　袖口にギャザーを寄せ、カフスをつける。（p.50参照）
9　袖をつける（2枚一緒にM。縫い代は身頃側に倒す）。（p.38参照）
10　ボタンホールを作り、ボタンをつける。（p.50参照）
＊Mは「縫い代にロックミシンまたはジグザグミシンをかける」の略。

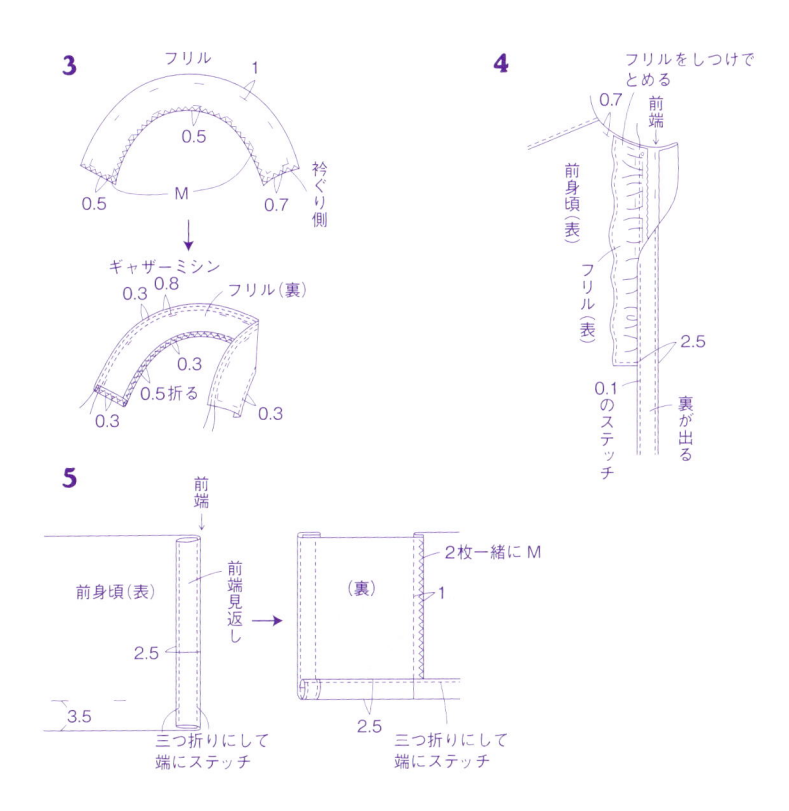

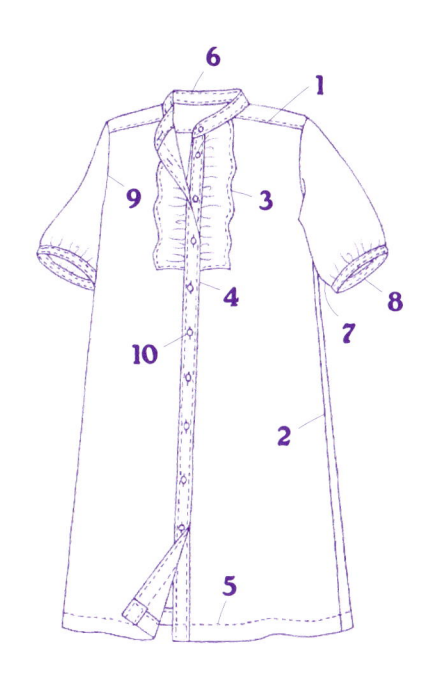

［裁合せ図］

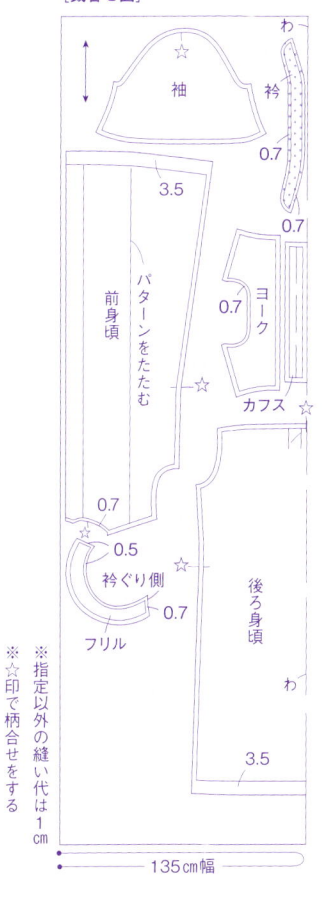

E-3 p.27

材料……麻［リトアニアリネン］150cm幅 2m30cm
　　　　接着芯（表衿・裏衿）：90cm幅 50cm
　　　　ボタン：直径1.15cmを10個

作り方……
準備　表衿、裏衿に接着芯をはる。
1　後ろ身頃にギャザーを寄せ、表、裏ヨークにはさんで縫う。
　　前身頃にギャザーを寄せ、表、裏ヨークにはさんで縫い、表に返す。
2　脇を縫う（2枚一緒にM。縫い代は後ろ側に倒す）。
3　裾を三つ折りにして縫う。
4　前裁出し見返しを三つ折りにしてステッチで押さえる。
5　衿をつける。
6　袖下を縫う（2枚一緒にM。縫い代は後ろ側に倒す）。
7　袖口を三つ折りにして縫う。
8　袖をつける（2枚一緒にM。縫い代は身頃側に倒す）。
9　ベルトを作る。
10　ベルト通しの糸ループをつくる。
11　ボタンホールを作り、ボタンをつける。
＊ Mは「縫い代にロックミシンまたはジグザグミシンをかける」の略。
＊ E-1（p.50）の作り方を参照。

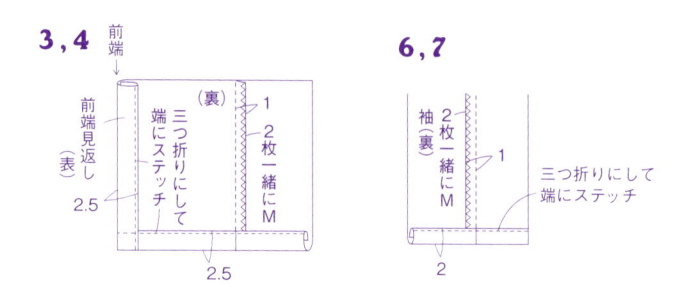

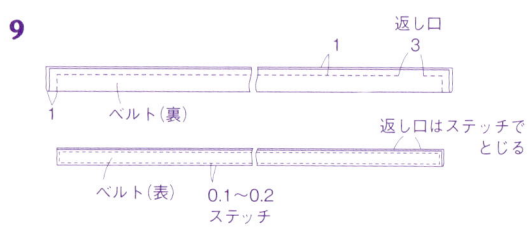

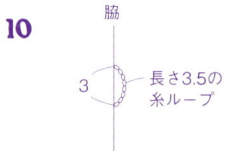

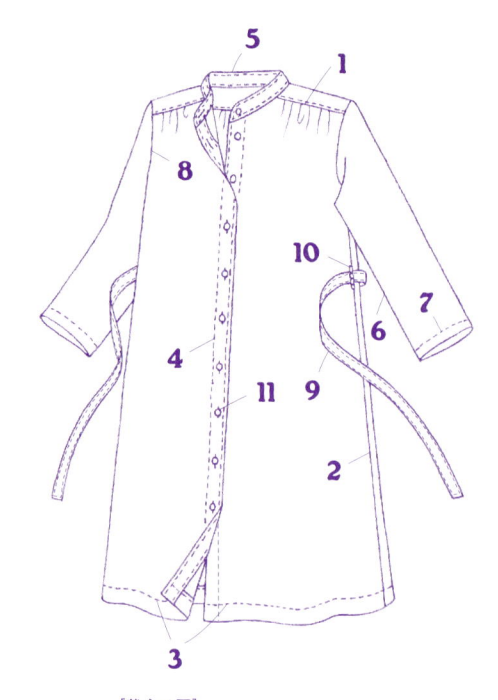

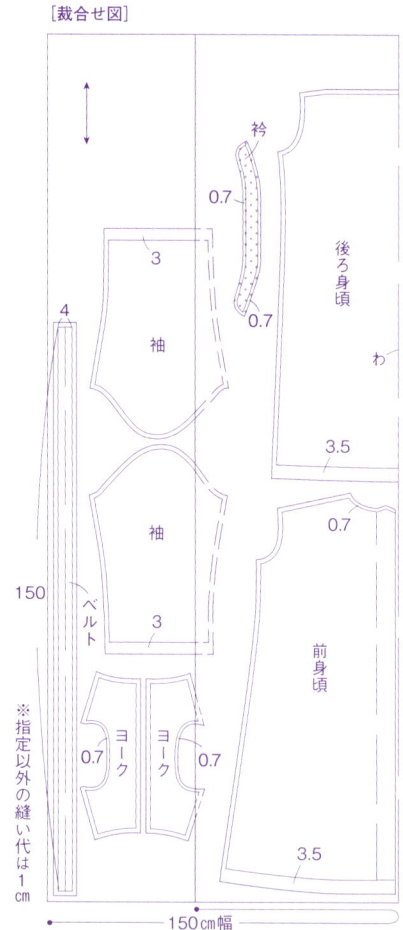

F=1 basic　　　　　　　　p.28

材料……綿麻［モーリークロス（ドット）］110cm幅2m40cm
　　　　接着芯（衿ぐり見返し）：90cm幅50cm、綿レース
　　　　2cm幅1m50cm、リボン：0.4cm幅1m50cm
　　　　ボタン　直径1.15cmを5個

作り方……
- **準備**　衿ぐり見返しに接着芯をはる。見返し奥にM。
1. 上前身頃にレースを縫いつける。
2. 上身頃の肩を縫う（2枚一緒にM。縫い代は後ろ側に倒す）。衿ぐり見返しの肩を縫う（縫い代は割る）。
3. 上身頃と衿ぐり見返しを中表に合わせて縫い返す。身頃をはねて見返しと縫い代をステッチで押さえる。
4. 袖口を三つ折りにして縫う。
5. 袖下を縫う。（縫い代を伸ばしながら2枚一緒にM。縫い代は後ろ側に倒す）。
6. 身頃の脇を縫う（2枚一緒にM。縫い代は後ろ側に倒す）。
7. 裾を三つ折りにして縫う。
8. 身頃にギャザーを寄せ、上身頃と縫い合わせる（2枚一緒にM。縫い代は上身頃側に倒す）。
9. 飾りボタンをつける。

＊Mは「縫い代にロックミシンまたはジグザグミシンをかける」の略。

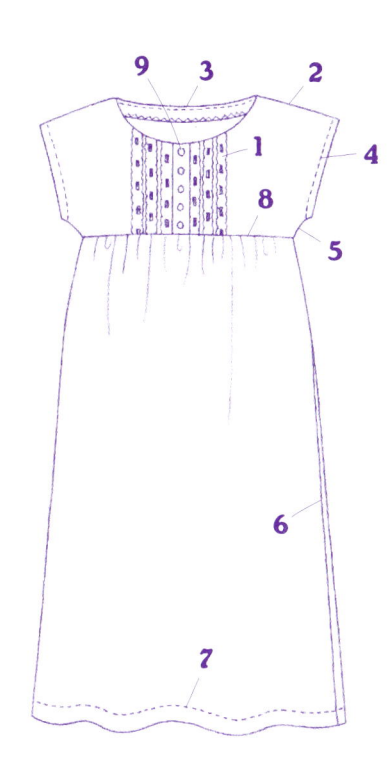

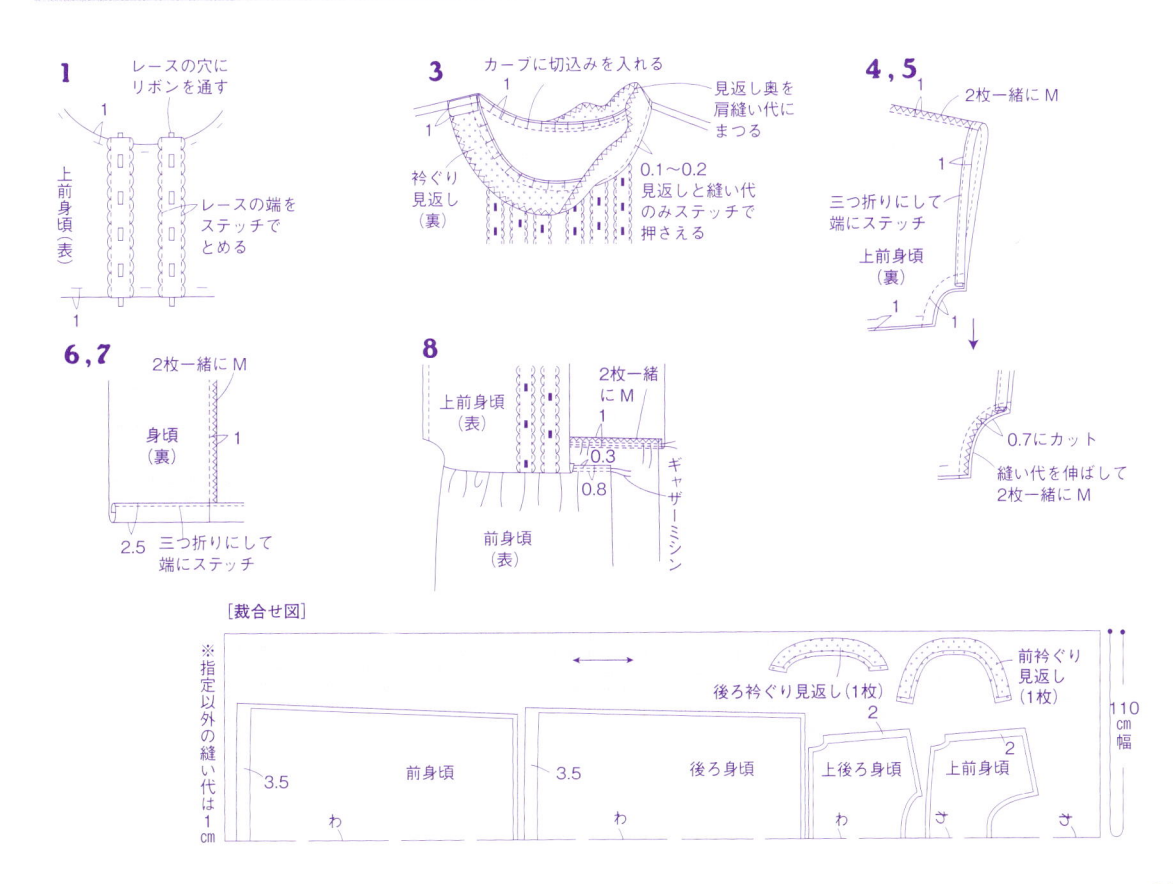

F-3

p.31

材料……麻［リトアニアリネン］150cm幅 1m70cm
　　　　裏当て布：110cm幅70cm、リネントーションレース：
　　　　2cm幅2m60cm

作り方……
1. 上身頃、裏当て布の肩をそれぞれ縫う（縫い代は後ろ側に倒す）。
2. 上身頃と裏あて布を中表に合わせて衿ぐりを縫い返す。
3. 袖口を三つ折りにして縫う。
4. 袖下を縫う。（縫い代を伸ばしながら2枚一緒にM。縫い代は後ろ側に倒す）（p.53参照）
5. 身頃の脇を縫う（2枚一緒にM。縫い代は後ろ側に倒す）。
6. 裾を三つ折りにして縫う。
7. 身頃にタックをとり、上身頃と縫い合わせる（2枚一緒にM。縫い代は上身頃側に倒す）（p.53参照）。
8. 袖口と裾にレースをつける。

＊Mは「縫い代にロックミシンまたはジグザグミシンをかける」の略。

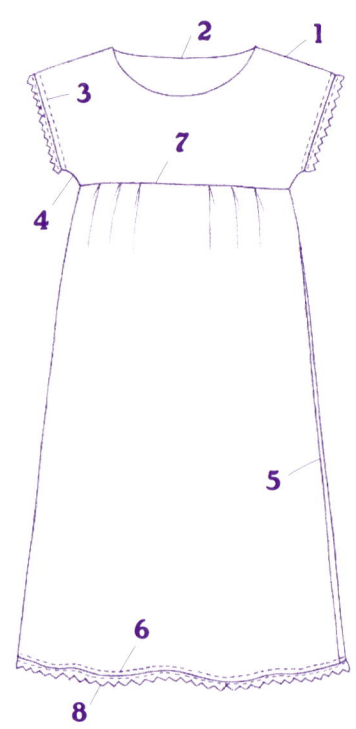

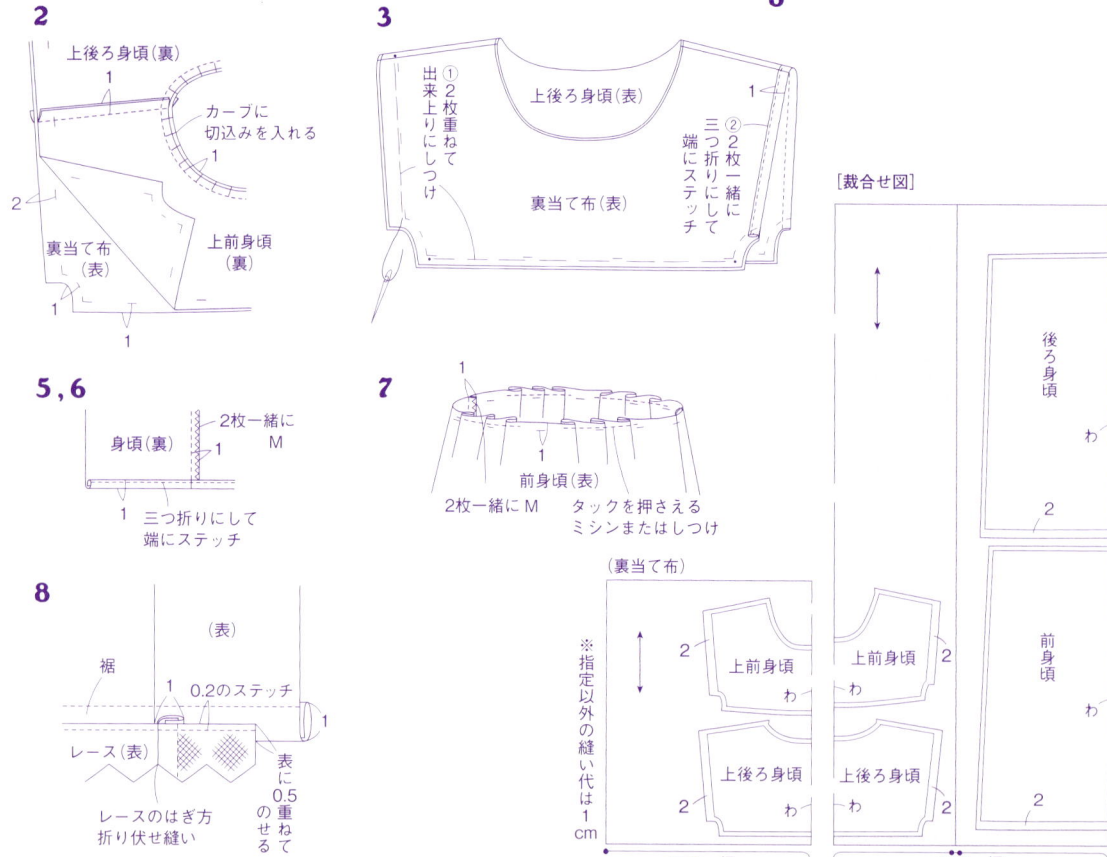

F / 2　p.30

材料……木綿[パステルライフ]106cm幅 2m10cm
　　　　接着芯(衿ぐり見返し):90cm幅 50cm

作り方……

準備　衿ぐり見返しに接着芯をはる。見返し奥にM。

1. 上身頃の肩を縫う(2枚一緒にM。縫い代は後ろ側に倒す)。衿ぐり見返しの肩を縫う(縫い代は割る)。
2. 上身頃と衿ぐり見返しを中表に合わせて縫い返す。(p.53参照)。
3. 袖口を三つ折りにして縫う(p.53参照)。
4. 袖下を縫う。(縫い代を伸ばしながら2枚一緒にM。縫い代は後ろ側に倒す)(p.53参照)。
5. 身頃の脇を縫う(2枚一緒にM。縫い代は後ろ側に倒す)。
6. 裾を三つ折りにして縫う。
7. 身頃にギャザーを寄せ、上身頃と縫い合わせる(2枚一緒にM。縫い代は上身頃側に倒す)。(p.53参照)。
8. 衿ぐりフリル(共布バイアス)をつける。

* Mは「縫い代にロックミシンまたはジグザグミシンをかける」の略。

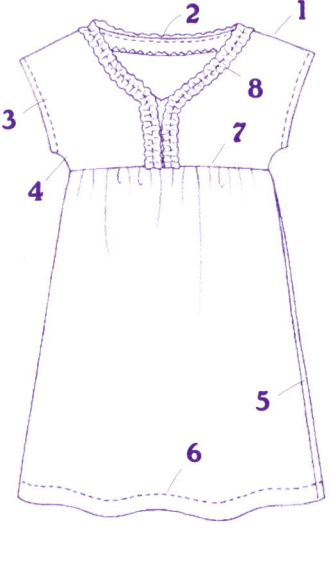

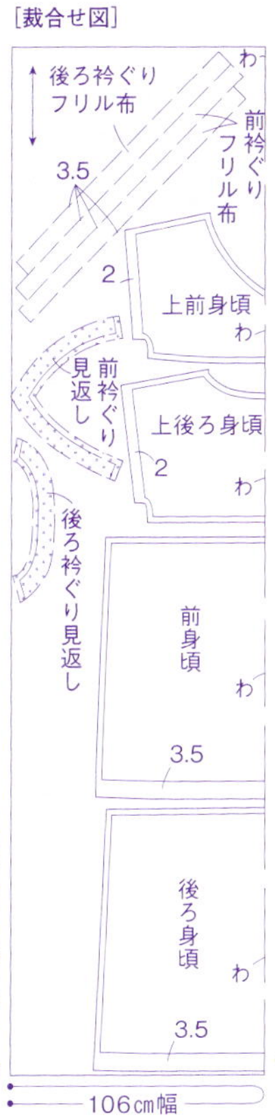

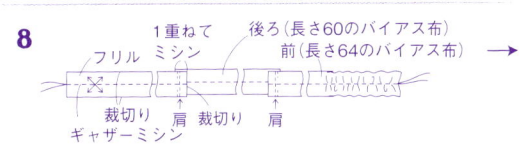

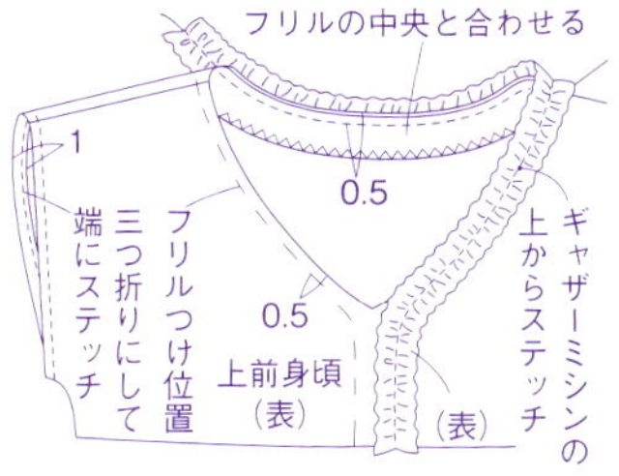

D / 4　p.20

材料……木綿[スラブWガーゼ]
　　　　105cm幅 1m20cm
　　　　接着芯(表上身頃):90cm幅 30cm

作り方……

準備　表上前身頃と表上後ろ身頃に接着芯をはる。

1. 肩ひもを作る。
2. 表上身頃と裏上身頃の脇をそれぞれ縫う(縫い代は割る)
3. 表上身頃と裏上身頃に肩ひもをはさんで縫い返し、前中心で重ねておく。
4. 身頃の脇を縫う(2枚一緒にM。縫い代は後ろ側に倒す)。
5. 裾を三つ折りにして縫う。前プリーツをたたみ、ギャザーミシンをかける。
6. 身頃にギャザーを寄せ、上身頃と縫い合わせる(全部一緒にM。縫い代は身頃側に倒す)。
7. 肩ひもの後ろをミシンでとめ、余裕分をまつりつける。

* Mは「縫い代にロックミシンまたはジグザグミシンをかける」の略。

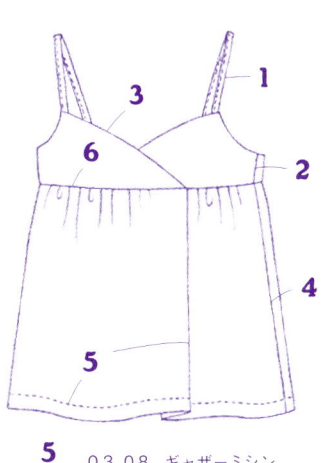

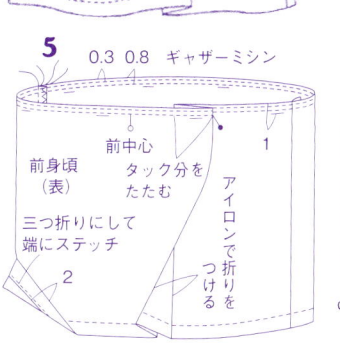

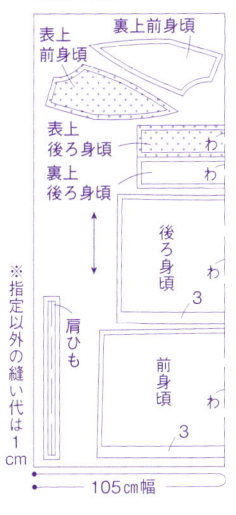

デザイン、パターン　笹原のりこ (sasahara noriko)

文化服装学院服飾専攻科デザイン専攻卒業。アパレル会社勤務などを経て、現在広告やイベントなどの衣装製作を活動の中心としている。シンプルな中に、さりげない甘さのあるデザインを得意とする。

ブックデザイン……中島寛子
撮影……江原隆司
スタイリング……鍵山奈美
ヘア＆メーク……鈴木紀子（mod's hair）
モデル……山川未央
作り方解説……助川睦子
デジタルトレース……薄井年夫
パターンデータ作製……上野和博
パターン協力……森 千春

【材料提供】

●ホームクラフト（布地・p.2、4、7〜31 リネントーションレース・p.10、19、31）
〒111-0053 東京都台東区浅草橋2-29-5
ジェイ・エス・ティビル 5階 tel.03-5833-4871

●オカダヤ新宿本店（布地・p.5）
〒160-0022 東京都新宿区新宿 3-23-17
tel.03-3352-5411

●ハマナカ（綿レース・p.28）
〒616-8585 京都市右京区花園藪ノ下町 2-3
tel.075-463-5151

※ p.32〜37 は、『月居良子のソーイングレシピ 作りながらマスターする、ソーイングの基礎。』（月居良子著、南雲保夫撮影、文化出版局刊）から抜粋。

【協力】

●アワビーズ
東京都渋谷区千駄ヶ谷 3-50-11 明星ビルディング 5F
tel.03-5786-1600

●エヴァム エヴァ（p.4 パンツ、p.9 帽子 靴、p.10 インナー パンツ、p.11 スパッツ、p.14 帽子、p.15 パンツ 帽子、p.17 スパッツ、p.18 インナー パンツ、p.19 インナー パンツ 靴、p.20 帽子 インナー、p.26 靴、p.27 スパッツ、p.30 パンツ、p.31 スパッツ）
東京都港区南青山 5-17-6 1F
tel.03-5467-0180

●ホームスパン（p.15 Tシャツ、p.20 スカート）
東京都渋谷区富ヶ谷 1-19-7 1F
tel.03-5738-3310

●ラ・フルール（p.5、11、13、17、25、31 コサージュ）
横浜市神奈川区西寺尾 2-8-12 #101
tel.045-402-2915

happy homemade vol.3

ワンピースパターンから チュニック、ブラウスも

2009年6月8日　第1刷発行

文化出版局編
発行者　大沼　淳
発行所　文化出版局
　　　〒151-8524 東京都渋谷区代々木 3-22-7
　　　　tel.03-3299-2460（編集）
　　　　tel.03-3299-2540（営業）

印刷・製本所　株式会社文化カラー印刷

©Bunka Publishing Bureau 2009　Printed in Japan

Ⓡ本書の全部または一部を無断で複写（コピー）することは、著作権法上での例外を除き、禁じられています。
本書からの複写を希望される場合は、日本複写権センター（tel. 03-3401-2382）にご連絡ください。

お近くに書店がない場合、読者専用注文センターへ　☎0120-463-464
ホームページ http://books.bunka.ac.jp/